Lenßen erklärt's

Ihr Recht: Führerschein und Bußgeld

dtv

Lenßen erklärt's

Ihr Recht:
Führerschein und Bußgeld

Beck im dtv
Deutscher Taschenbuch Verlag

Herausgeber

Ingo W. P. Lenßen, Jahrgang 1961, ist Rechtsanwalt und Fachanwalt für Strafrecht. Er arbeitet seit 1990 als Rechtsanwalt in Ludwigshafen am Bodensee, wo er Partner der Anwaltskanzlei Lenßen & Partner ist. Nach ihm wurde die bekannte Serie „Lenßen & Partner", die in SAT1 ausgestrahlt wird, benannt. In dieser spielt er auch die Hauptrolle.

Autoren

Klaus-Martin Rogg, Jahrgang 1959, ist Rechtsanwalt und Fachanwalt für Strafrecht. Er arbeitet seit über 15 Jahren vorwiegend als Strafverteidiger, auch im Schwerpunkt Verkehrsstrafrecht und Bußgeldangelegenheiten, und ist Partner in der überregional tätigen Anwaltskanzlei Dr. Zeifang, Rogg & Kollegen in Ravensburg.

Wolfgang Angster, Jahrgang 1961, ist Staatsanwalt in Ravensburg. Dort ist er seit 1993 u. a. zuständig für Verkehrsdelikte. Während seiner Abordnung zur Generalstaatsanwaltschaft Stuttgart im Jahre 2008 war er auch für die Bearbeitung von Rechtsbeschwerden bei Verkehrsordnungswidrigkeiten zuständig.

Beide sind als Dozenten bei strafrechtlichen Fortbildungsveranstaltungen tätig.

Im Internet:

dtv.de
beck.de

Originalausgabe
Deutscher Taschenbuch Verlag GmbH & Co. KG,
Friedrichstraße 1a, 80801 München

Druck und Bindung: Druckerei C. H. Beck, Nördlingen
(Adresse der Druckerei: Wilhelmstraße 9, 80801 München)
Satz: ottomedien, Darmstadt
Umschlaggestaltung: Agentur Bureau Parapluie, Großberghofen
ISBN 978-3-423-50456-0 (dtv)
ISBN 978-3-406-57480-1 (C. H. Beck)

9 783406 574801

Vorwort des Herausgebers

Liebe Leserinnen und Leser,

in meiner täglichen Arbeit als Rechtsanwalt erlebe ich immer wieder, wie kompliziert unsere Rechtsordnung ist und wie schwer es vielen Menschen fällt, den „Paragrafendschungel" zu durchschauen.

Aus dieser Erfahrung heraus habe ich eine kleine Reihe von Ratgebern entwickelt, in denen die wichtigsten Rechtsfragen des Alltags kurz und verständlich behandelt werden. Besonders wichtig sind mir dabei die vielen kleinen Beispiele, Tipps und Checklisten, die erst richtig anschaulich machen, worum es bei den einzelnen Problemen geht.

Im vorliegenden Ratgeber „Führerschein und Bußgeld" behandeln Klaus-Martin Rogg und Wolfgang Angster wesentliche Bereiche des Straßenverkehrsrechts bzw. des Straf- und Ordnungswidrigkeitenrechts. Beide sind erfahrene Praktiker, und ich freue mich, dass so fachkundige Autoren hier ihr Wissen einer breiten Öffentlichkeit zur Verfügung stellen.

Ihr

Ingo Lenßen
Rechtsanwalt

Inhalt

Einleitung

Wer unter Euch ohne Sünde ist …

Für wen dieses Buch nicht gedacht ist

Es soll – Gott sei Dank – viele Teilnehmer im Straßenverkehr geben, die noch nie die zulässige Höchstgeschwindigkeit überschritten haben, die immer den Mindestabstand zum vorausfahrenden Fahrzeug einhalten, auch noch nie gedrängelt haben, sich an alle Ge- und Verbote im Straßenverkehr halten und auch niemals mit einem Gläschen zu viel gefahren sind.

Dieser Personenkreis sollte das Buch gleich wieder aus der Hand legen.

Wer sollte dieses Buch lesen?

Die wenigen Teilnehmer im Straßenverkehr, die – sehr selten – vielleicht doch nicht ohne Sünde sind (s. o.), sollten dieses Buch lesen, und es sollte auch immer parat sein, falls, natürlich unabsichtlich und unter Verkettung unglücklicher Umstände, es vielleicht zum Sündenfall kommt.

Das Ziel dieses Buches ist es, in allgemein verständlicher Form hinsichtlich der Problematik „Führerschein und Bußgeld" einen Leitfaden zu geben.

Der 1. Teil befasst sich mit der Systematik der Abgrenzung von Verkehrsstraftaten und Bußgeldangelegenheiten mit den jeweiligen Folgen.

Ferner werden die Rechte des Betroffenen in Bußgeldverfahren aufgezeigt, insbesondere wie sich der Betroffene aus unserer Sicht richtig verhalten sollte, zudem werden auch die Rechte des Verteidigers im Bußgeldverfahren genannt.

Gegenstand des 2. Teiles sind die am häufigsten vorkommenden Verkehrsordnungswidrigkeiten, die Sanktionen nach dem Bußgeldkatalog, ferner wird der Ablauf des Bußgeldverfahrens geschildert, zudem wird in diesem Teil auch die Verjährungsproblematik angesprochen, ebenso das Verkehrszentralregister, abschließend auch das Punktesystem und die Kriterien der Löschung dieser Punkte.

Teil 3 des Buches schildert die im Strafgesetzbuch normierten Verkehrsstraftatbestände, zudem den Verfahrensablauf im Verkehrsstrafrecht.

Teil 4 beschäftigt sich mit der Wiedererteilung der Fahrerlaubnis durch die Fahrerlaubnisbehörde. Es werden die verwaltungsrechtlichen Kriterien der Anordnung einer medizinisch-psychologischen Untersuchung bzw. Begutachtung, im Volksmund auch „Idiotentest" genannt, behandelt, ebenso weitere Anordnungen der Führerscheinbehörde.

Wir informieren unsere Leser zudem über den aktuellen Stand hinsichtlich der Zulässigkeit des Erwerbs eines EU-Führerscheins nach Entziehung der deutschen Fahrerlaubnis, abschließend folgen noch Ausführungen zur Frage der Gültigkeit des inländischen Fahrverbots auch im Ausland und ebenso hinsichtlich der etwaigen Wirkungen im Ausland begangener Verkehrsverstöße im Inland.

Nachdem nunmehr das Bundeskabinett eine deutliche Verschärfung des Bußgeldkataloges (Bußgeldkatalog-Verordnung BKatV) beschlossen hat und davon auszugehen ist, dass dieser neue Bußgeldkatalog auch durch die Legislative „abgesegnet" wird, dürfte die Verschärfung ab 1. 1. 2009 gelten.

Dem jeweiligen Betroffenen drohen deutlich härtere Geldbußen als bisher, sollte es ab Januar 2009 zum Sündenfall kommen.

Ziel unseres Buches ist es, nicht nur die Kriterien des Verkehrsstraf- und Ordnungswidrigkeitenrechtes zu behandeln, sondern insbesondere Tipps und Anregungen für den Betroffenen zu geben, wie man sich richtig verhalten soll.

Unser Buch ist nicht dazu gedacht, einem Betroffenen Ratschläge zu geben, wie er sich aus der Verantwortung „stehlen“ kann. Ein Betroffener hat jedoch in unserem Rechtsstaat das Recht und die Möglichkeit, sich optimal zu verteidigen bzw. verteidigen zu lassen. Und darum geht es.

Worum geht es, und wo liegen Unterschiede?

Straftaten und Ordnungswidrigkeiten

Meist sind es der Spaß am schnellen Fahren, die Eile und Hektik in den frühen Morgenstunden, der wichtige Termin am Abend oder der unverschiebbare Einkauf am Tag, die uns dazu bringen, Vorschriften und Gesetze zu übertreten, weil man glaubt, dass das eigene Vorhaben wichtiger ist.

Immer dann wird man sagen können, dass die Situation im Straßenverkehr eskalieren würde, wenn jeder machen würde, was er will.

Ist das Unrecht, das wir begangen haben, von geringer Tragweite, so haben wir meist eine Ordnungswidrigkeit begangen.

Ob ein Verkehrsverstoß als Straftat oder als Ordnungswidrigkeit eingestuft wird, ist in erster Linie Sache des Gesetzgebers.

Bei **Ordnungswidrigkeiten** droht dem Täter eine Geldbuße. Anders als bei den Verkehrsstraftaten wird bei Ordnungswidrigkeiten nicht der Vorwurf kriminellen Verhaltens erhoben. Vielmehr soll der Betroffene durch eine Geldbuße lediglich eindringlich zur Einhaltung der Pflicht angemahnt werden, sich künftig an die Verkehrsrechtsordnung zu halten. Wegen der geringeren Unrechtsfolge können Ordnungswidrigkeiten durch die Verwaltungsbehörden geahndet werden. Dies hat den Nebeneffekt, dass die Justiz entlastet und das Verfahren vereinfacht und beschleunigt wird. Für den Betroffenen hat es den Vorteil, dass ihm die Belastungen eines normalen Strafverfahrens erspart bleiben. Nur dann, wenn der Betroffene mit der Entscheidung der Verwaltungsbehörde nicht einverstanden ist, findet eine gerichtliche Kontrolle des Vorgangs statt.

Als **Verkehrsstraftaten** werden dagegen besonders gefährliche Verstöße gegen Verkehrsvorschriften eingeordnet. Hierzu gehören auch solche Taten, die eine Körperverletzung oder Tötung eines anderen zur Folge haben. Von großer praktischer Bedeutung sind dabei insbesondere die Delikte im Zusammenhang mit dem Führen von Kraftfahrzeugen unter Alkohol- und Drogeneinfluss.

Wir wollen es hier dabei bewenden lassen, dass wir sagen, eine Ordnungswidrigkeit liegt dann vor, wenn eine Geldbuße folgt. Eine Straftat liegt wiederum dann vor, wenn das Unrecht mit einer Geld- oder Freiheitsstrafe sanktioniert wird.

Wie schwer das Unrecht wiegt, welches man Ihnen zum Vorwurf macht, wird deutlich, wenn Sie darauf achten, wie Sie in den Schriftstücken, die Sie in einem Strafverfahren erhalten, bezeichnet werden.

Solange Sie als **Betroffener** beschrieben werden, handelt es sich um eine Ordnungswidrigkeit, sobald Sie allerdings **Beschuldigter** oder **Angeklagter** genannt werden, befinden Sie sich in einem Strafverfahren.

Die Juristen prüfen nun, ob Sie (a) eine Tat aus objektiver Sicht begangen haben, und (b) ob Sie diese Tat auch begehen wollten.

Einfach ausgedrückt dürfen Sie nur dann wegen einer unrechtmäßigen Tat – die Sie auch wirklich begangen haben – verurteilt werden, wenn Sie diese Tat auch begehen wollten.

Rechtfertigung

Sollten Sie eine Straftat oder eine Ordnungswidrigkeit objektiv begangen haben und dies auch gewollt haben, so besteht immer noch eine Möglichkeit, dass Ihr Unrecht nicht bestraft wird, wenn Sie einen Rechtfertigungsgrund haben.

Beispiel *Krankenpfleger Herbert Selbstlos transportiert in seinem Pkw eine dringend benötigte Blutkonserve für eine lebensgefährliche Operation und überfährt dabei eine rote Ampel, ohne andere dabei zu gefährden. Sein Fehlverhalten kann hier durch Notstand gerechtfertigt sein.*

Schuldunfähigkeit

Das Unrecht wird ebenso nicht bestraft, wenn keine Schuld an der Tat vorliegt.

Beispiel *Der schwer drogenabhängige Erwin Eitsch hat sich eine Heroinspritze gesetzt und ist anschließend nicht mehr von dieser Welt. Gleichwohl schafft er es irgendwie, sich ins Auto seiner Freundin Trudi zu setzen, in dem die Zündschlüssel stecken, und davonzufahren. Anschließend verursacht er einen Verkehrsunfall. War Erwin Eitsch so zugedröhnt, dass er nicht mehr wusste, was er tat, muss zu seinen Gunsten von Schuldunfähigkeit ausgegangen werden.*

Haben Sie schließlich kein Argument mehr auf der Hand, mit dem Sie sich herausreden können, so wird für Ihr Unrecht, das Sie im Straßenverkehr begangen haben, eine Sanktion ausgesprochen werden.

Beachten Sie jedoch Folgendes: Straftaten im Straßenverkehr können nur dann geahndet werden, wenn man sie tatsächlich im öffentlichen Verkehr begangen hat. Fahren Sie also Ihren PKW im trunkenen Zustand auf einem Privatgrundstück, so können Sie deswegen nicht bestraft werden.

Was darf die Polizei?

Vielleicht haben Sie sich schon mal die Frage gestellt, was Polizeibeamte bei einer Verkehrskontrolle alles dürfen und was Sie als Kraftfahrzeuglenker hinnehmen müssen. Welche Zwangsmittel und Befugnisse der Polizei und den Strafverfolgungsbehörden zur Verfügung stehen, um Alkohol- oder Drogendelikte nachzuweisen, wollen wir Ihnen nachfolgend kurz erläutern.

Bei einer Verkehrsordnungswidrigkeit des Fahrens unter Alkoholeinfluss mit mehr als 0,5 Promille reicht eine **Atemalkoholmessung** mit einem hierfür zugelassenen und geeichten Messgerät zur Nachweisführung aus. Dagegen ist zwingend eine Blutuntersuchung erforderlich, wenn es um Verkehrstraftaten unter Alkoholeinwirkung oder auch um die Ordnungswidrigkeiten des Fahrens unter Drogeneinfluss geht. Beim Verdacht einer Ordnungswidrigkeit oder einer Verkehrsstraftat mit Alkoholbezug bieten die Polizeibeamten in der Regel zunächst eine Atemalkoholmessung an. Bei Verdacht auf Drogenbeeinflussung besteht die Möglichkeit eines Urinschnelltests. Mit dieser Maßnahme müssen Sie als Betroffener allerdings einverstanden sein. Die Polizeibeamten können diese nicht mit strafprozessualen Mitteln erzwingen. Wird eine Atemalkoholmessung durch den Betroffenen abgelehnt und bestehen Hinweise auf eine alkoholische Beeinflussung des Fahrzeuglenkers, kann die Polizei eine Blutentnahme anordnen. Weigert sich der Betroffene, kann diese Maßnahme auch zwangsweise durchgesetzt werden. Dazu darf er vorübergehend festgenommen und zwangsweise zu einem Arzt oder ins Krankenhaus überführt werden. Auch darf er zu einem Polizeirevier gebracht und dort festgehalten werden, bis ein Arzt erscheint. Wehrt sich der Betroffene gegen eine solche Maßnahme, ist es auch erlaubt, ihn festzuhalten oder festzuschnallen.

Darf die Polizei selbst entscheiden?

Grundsätzlich sieht die Strafprozessordnung vor, dass die Anordnung der körperlichen Untersuchungsmaßnahme durch den Richter erfolgen muss. Bei Gefährdung des Untersuchungserfolgs durch Verzögerung, also bei Gefahr im Verzug, können jedoch auch die Staatsanwaltschaft und – in der Praxis die Regel – die Polizeibeamten eine Blutentnahme anordnen. Das wird damit begründet, dass sich der Alkohol im Körper schnell abbaut und die Rückrechnung letztlich nur mit großen Sicherheitszuschlägen möglich ist. Diese auf Gefahr im Verzug gestützte Anordnungskompetenz der Polizeibeamten ist jedoch in jüngster Zeit durch eine Entscheidung des Bundesverfassungsgerichts in Frage gestellt worden. Dort wird – in anderem Zusammenhang – betont, dass die auf Gefahr im Verzug gestützte Eingriffsmaßnahme der absolute Ausnahmefall bleiben muss und im Regelfall eine richterliche Anordnung herbeizuführen ist. Da umstritten ist, ob diese Entscheidung eine allgemeinverbindliche Wirkung auch auf die hier in Rede stehenden Blutentnahmefälle entfaltet, wird bis auf Weiteres noch nach der früher gängigen

Praxis verfahren. Es bleibt abzuwarten, ob diese Vorgehensweise auch in Zukunft Bestand haben kann.

Beachten Sie aber, dass sich ein Beschuldigter, der sich der angeordneten Blutentnahme widersetzt, insbesondere die Polizeibeamten dabei tätlich angreift, sich wegen Widerstands gegen Vollstreckungsbeamte (umgangssprachlich auch als „Widerstand gegen die Staatsgewalt" bekannt) strafbar machen kann.

Welche Folgen drohen?

Wenn nun eine Ordnungswidrigkeit oder eine Straftat unausweichlich festgestellt wurde, wird Sie natürlich am meisten interessieren, welche „Strafe" Sie dafür zu erwarten haben. Die wichtigsten Rechtsfolgen bei der Begehung von Ordnungswidrigkeiten im Straßenverkehr sind die Verwarnung, die Geldbuße und das Fahrverbot. Bei Straftaten drohen dagegen Geld- und Freiheitsstrafen, Fahrverbot und vor allem die Entziehung der Fahrerlaubnis. Bevor wir in den nachfolgenden Kapiteln noch näher auf die einzelnen Sanktionen bei Verkehrsordnungswidrigkeiten und Verkehrsstraftaten eingehen werden, wollen wir zunächst auf den Unterschied zwischen Fahrerlaubnisentziehung und Fahrverbot zu sprechen kommen, der möglicherweise noch nicht allen bekannt ist.

Entziehung der Fahrerlaubnis und Fahrverbot

Vielleicht ist es Ihnen auch schon einmal passiert, dass Sie auf die Frage an einen Kollegen oder Sportskameraden, warum er neuerdings mit dem Fahrrad oder dem Bus zur Arbeit bzw. ins Training kommt, die Antwort erhielten: „Man hat mir den Führerschein entzogen." Diese Antwort würde in juristischen Prüfungen zu einem Punktabzug führen, da sie formal nicht ganz korrekt ist. Während die Fahrerlaubnis als Recht tatsächlich entzogen werden kann, wird der Führerschein als Sachgegenstand lediglich sichergestellt, beschlagnahmt oder eingezogen. Der Unterschied wird insbesondere deutlich, wenn wir die gerichtlich angeordnete Fahrerlaubnisentziehung auf der einen und die Verhängung eines Fahrverbots auf der anderen Seite betrachten. Während bei einer rechtskräftigen Fahrerlaubnisentziehung das Recht zum Führen von Kraftfahrzeugen ganz erlischt und eine Fahrerlaubnis bei der zuständigen Verwaltungsbehörde völlig neu beantragt werden muss, wird bei einem Fahrverbot lediglich für eine bestimmte Dauer der Führerschein in amtliche Verwahrung gegeben. Bei einem Fahrverbot bleibt im Gegensatz zur strafrechtlich oder verwaltungsrechtlich angeordneten Fahrerlaubnisentziehung der Bestand der Fahrerlaubnis unberührt. Nach Ablauf der Fahrverbotsfrist wird der Führerschein dem Berechtigten zurückgegeben, so dass dieser vom Tag der Rückgabe an ohne Weiteres wieder mit einem Kraftfahrzeug im öffentlichen Straßenverkehr fahren darf. Zusammengefasst ist die Fahrerlaubnis also das im Führerschein verbriefte Recht, ein Kraftfahrzeug einer bestimmten Fahrerlaubnisklasse im öffentlichen Straßenverkehr zu führen.

Der Betroffene im Bußgeldverfahren

Ein Verkehrsteilnehmer ist Betroffener, wenn er einer Ordnungswidrigkeit verdächtig ist und deswegen gegen ihn ein Bußgeldverfahren eingeleitet und durchgeführt wird. Die Rechtsstellung des Betroffenen ist damit mit der des Beschuldigten im Strafverfahren zu vergleichen.

Rechte des Betroffenen im Bußgeldverfahren

Ein Betroffener ist bereits zu Beginn des Verfahrens auf seine Rechte hinzuweisen und entsprechend zu belehren, insbesondere auf sein Schweigerecht während des gesamten Bußgeldverfahrens.

Ebenso wie ein Beschuldigter im Strafrecht ist auch ein Betroffener im Bußgeldrecht zu keinem Zeitpunkt verpflichtet, sich selbst zu belasten (Juristen nennen dies nemo-tenetur-Grundsatz).

Falls hiergegen verstoßen wird, muss der Verwertung der hieraus erlangten Angaben unbedingt – in der gerichtlichen Hauptverhandlung – widersprochen werden.

Erfolgt ein solcher Widerspruch nämlich nicht, so wird der Verfahrensmangel geheilt, und es kann gegen Sie entschieden werden.

Beispiel *Von einem Zeugen wird die Polizei davon informiert, dass ein Pkw in Schlangenlinien von einem Volksfest weggefahren sei; das Kennzeichen wurde vom Zeugen durchgegeben. Bei dem Fahrer soll es sich um eine männliche Person handeln. Die sofort durchgeführte Halterabfrage hat ergeben, dass das Fahrzeug auf Berthold Biertrunk zugelassen ist. Die Polizei fährt unverzüglich zur Anschrift von Biertrunk und stellt fest, dass vor dem Haus der genannte Pkw geparkt ist, die Motorhaube ist noch warm. Nach Klingeln und heftigem Klopfen öffnet Berthold Biertrunk die Tür und fragt die Polizeibeamten, was Sache sei. Die Beamten stellen eine beträchtliche Alkoholfahne fest und fragen Biertrunk, ob er soeben mit seinem Pkw nach Hause gefahren sei. Die Polizei hat Biertrunk bisher zu keinem Zeitpunkt darüber belehrt, dass gegen ihn der Verdacht einer Trunkenheitsfahrt oder zumindest einer Ordnungswidrigkeit besteht und ihn demgemäß auch nicht auf sein Schweigerecht hingewiesen, auch nicht zu einem späteren Zeitpunkt. Biertrunk ist ein höflicher Mensch und teilt den Beamten mit, dass es richtig sei, er sei soeben mit seinem Pkw nach Hause gefahren. Auf weitere Fragen, ob er denn etwas getrunken habe, teilt Biertrunk weiter mit, dass er beim Volksfest einige Gläser Bier getrunken habe. Die hierauf angeordnete Blutentnahme erbrachte eine Blutalkoholkonzentration (BAK) von 0,7 Promille. In seiner späteren Zeugenvernehmung relativierte der Anzeigenerstatter seine Angaben bzgl. des Schlangenlinienfahrens, so dass die Bußgeldbehörde gegen Biertrunk nebst einer Geldbuße von 250,00 EUR ein einmonatiges Fahrverbot angeordnet hat.*

Bei dieser Ausgangslage hat der Betroffene sehr gute Chancen, wenn er gegen den Bußgeldbescheid fristgerecht Einspruch einlegt, in der Hauptverhandlung vor Gericht freigesprochen zu werden, da er von der Polizei nicht ordnungsgemäß über sein Schweigerecht belehrt wurde.

Wenn vom Verteidiger daher in der Hauptverhandlung der Verwertung der geständigen Angaben von Biertrunk widersprochen wird und sonst keine Beweismittel vorliegen, die den Biertrunk der Ordnungswidrigkeit überführen können, muss Biertrunk wegen des genannten Verfahrensverstoßes freigesprochen werden.

Ein Betroffener kann zudem im Rahmen seiner Rechte selbst Beweisanträge stellen und Zeugen befragen, er hat außerdem zu jedem Zeitpunkt des Verfahrens – im Rahmen des ihm zustehenden rechtlichen Gehörs nach dem Grundgesetz – das Recht, sich zu äußern, auch schriftlich.

Wie verhalte ich mich als Betroffener richtig?
Aus Verteidigersicht ist es unbedingt zu empfehlen, dass ein Betroffener keinerlei Angaben zur Sache, also zum Tatvorwurf, gegenüber der Behörde oder dem ermittelnden Beamten macht.

Der Betroffene hat zu jedem Zeitpunkt das Recht, zu dem ihm gemachten Tatvorwurf zu schweigen. Sollte er von der zuständigen Bußgeldbehörde geladen werden, muss er jedoch zur Vernehmung erscheinen, er braucht jedoch – wie geschildert – keinerlei Angaben zum Tatvorwurf machen.

Dies bedeutet keineswegs, dass während des gesamten Bußgeldverfahrens vom Schweigerecht Gebrauch gemacht werden sollte.

Es empfiehlt sich jedoch, nach Beauftragung eines Verteidigers und Akteneinsicht, im Rahmen der Verteidigungsstrategie zu entscheiden, ob Angaben gemacht werden oder nicht.

Oft gilt: „Reden ist Silber, Schweigen ist Gold."

Der Verteidiger im Bußgeldverfahren

Jeder Betroffene hat selbstverständlich zu jeder Zeit das Recht, einen Rechtsanwalt mit seiner Verteidigung zu beauftragen.

Der Verteidiger hat als selbstständiges Organ der Rechtspflege die Pflicht, den Betroffenen im Rahmen zulässigen Handelns so optimal wie möglich zu verteidigen.

Es ist daher ausdrücklich nicht die Aufgabe eines Verteidigers, an der „Überführung" und Verurteilung seines Mandanten mitzuwirken.

Der Verteidiger hat ein umfassendes Akteneinsichtsrecht in alle relevanten Akten und Aktenteile, soweit es den Tatvorwurf seines Mandanten angeht.

Der Verteidiger hat ferner das Recht, bei jeder Vernehmung seines Mandanten anwesend zu sein, ebenso bei (etwaigen) richterlichen Vernehmungen, bei einem Augenschein u. a.

Der Verteidiger hat zudem ein eigenes Fragerecht gegenüber Zeugen und Sachverständigen, er darf jederzeit Beweisanträge stellen, Erklärungen abgeben und – in Absprache mit seinem Mandanten – auch alle zulässigen Rechtsmittel einlegen.

Der Kontakt – egal in welcher Form – zwischen dem Betroffenen und seinem Verteidiger darf nicht überwacht werden, Schriftstücke etc. zwischen Verteidiger und Mandant dürfen auch nicht beschlagnahmt werden.

Wenn einem Verteidiger seine Rechte nicht gewährt oder diese beschnitten werden, hat er zu jeder Zeit die Möglichkeit, hiergegen eine gerichtliche Entscheidung zu beantragen.

Wenn Rechte des Verteidigers unzulässigerweise beschnitten worden sind oder werden, kann dies zu einem Verfahrensverstoß führen, bis hin zum Ergebnis einer Unverwertbarkeit der hieraus erlangten Beweismittel.

Verkehrsordnungswidrigkeiten

Geschwindigkeitsverstöße als Ordnungswidrigkeit

Besonders häufig sind in der Praxis Geschwindigkeitsverstöße.

Unterschiedliche Geschwindigkeitsmessverfahren
Die zuständigen Behörden verwenden bei der Geschwindigkeitsmessung insbesondere folgende Messverfahren:

- Radarmessung
- Lasermessung
- Lichtschrankenverfahren
- Verkehrsvideoanlagen
- Weg-Zeit-Messung
- Spiegelmessverfahren
- Nachfahren oder Vorausfahren.

Radarmessung
Die am häufigsten verwendete Messmethode ist die Radarmessung. Sie nutzt den sog. Dopplereffekt und basiert auf dem Aussenden und Empfangen von elektromagnetischen Strahlen. Von der Antenne des Messgerätes wird der Radarstrahl unter einem bestimmten Winkel zur Fahrbahnlängsrichtung ausgestrahlt. Wenn nunmehr ein Fahrzeug in das Strahlungsfeld der Antenne gelangt, so wird von diesem Fahrzeug ein Teil der Strahlung reflektiert und von der Antenne des Messgerätes wieder empfangen. Durch diese Reflektion an dem fahrenden Fahrzeug tritt eine Frequenzänderung ein, ein Rechner kann dann die Geschwindigkeit errechnen. Nach der Radarmessung wird das Radarfoto angefertigt. Dieses Radarfoto nebst weiteren Fotos (Frontbereich) kann dann zur Identifizierung des jeweiligen Fahrzeuglenkers führen.

Mögliche Fehlerquellen bei den Geschwindigkeitsmessverfahren

Bei jeder Geschwindigkeitsmessung können Fehler auftreten, durch Zielungenauigkeiten, Bedienungsfehler, Reflektionsprobleme, geometrische Messfehler (bei Radarmessung), Störung durch Radarsender und vieles mehr.

Ferner muss jedes Verkehrsüberwachungsgerät ordnungsgemäß geeicht sein. Die Gültigkeitsdauer der Eichung bei Geschwindigkeitsmessgeräten beträgt ein Jahr; auch während der gültigen Eichfrist können mitunter bei Messgeräten Defekte auftreten, bei einem Defekt während einer gültigen Eichfrist sollten von der Behörde Messungen, die nicht zweifelsfrei eine Überschreitung nachweisen können, nicht verwertet werden.

Ein Verteidiger, der in der Bearbeitung solcher Fälle erfahren ist, prüft stets anhand einer Checkliste, je nach Einsatz des jeweiligen Messgerätes, mögliche Fehlerquellen; bei etwaigen Ungereimtheiten wird ein Sachverständigengutachten hinsichtlich der Frage einer ordnungsgemäßen Messung beantragt.

Weitere häufig vorkommende Verkehrsordnungswidrigkeiten

Nachfolgend sind die weiteren häufig vorkommenden Verkehrsordnungswidrigkeiten aufgeführt. Diese Auflistung ist natürlich nicht vollständig, bezüglich weiterer verweisen wir auf die Straßenverkehrsordnung.

Rotlichtverstoß

Beispiel *Ingo Bleifuß hat es wieder einmal sehr eilig. Es herrscht innerorts starker Verkehr wegen einer Baustelle. Bleifuß ärgert sich sehr darüber, und nach einiger Zeit des Wartens hat er dann etwas freie Fahrt. Zu seinem Ärger stellt er fest, dass die sich im Kreuzungsbereich befindliche Wechsellichtzeichenanlage (Ampel) auf*

gelb schaltet. Bleifuß gibt Gas und fährt bei „dunkelgelb" über die Kreuzung.
Bleifuß geht davon aus, dass er allenfalls ein kleines Bußgeld bezahlen müsse, ohne weitere Sanktion.
Einige Tage später erhält er Post von der Bußgeldbehörde, ihm wird vorgeworfen, dass er die Ampel „passiert" habe, die Rotphase habe bereits 1,5 Sekunden angedauert. Kommt Bleifuß wirklich nur mit einem kleinen Bußgeld davon?

Ingo Bleifuß hat leider Pech. Wenn Rotlicht überfahren wird, ist entscheidend, ob ein „normaler" oder ein qualifizierter Rotlichtverstoß vorliegt.

Bei einer Rotlichtzeit unter 1 Sekunde sieht der Bußgeldkatalog eine Geldbuße von 50 EUR nebst dem Eintrag von 3 Punkten im Verkehrszentralregister vor.

Kommt es bei diesem „normalen" Rotlichtverstoß noch zu einer Gefährdung oder Sachbeschädigung anderer Verkehrsteilnehmer, so erhöht sich das Bußgeld auf 125 EUR nebst 4 Punkten im Verkehrszentralregister, zudem wird ein einmonatiges Fahrverbot angeordnet.

Bei einer Rotlichtzeit von länger als 1 Sekunde, wie im Fall Ingo Bleifuß, handelt es sich um einen sog. qualifizierten Rotlichtverstoß.

Diese Ordnungswidrigkeit wird mit einem Bußgeld von 125 EUR sanktioniert, nebst dem Eintrag von 4 Punkten im Verkehrszentralregister und der Verhängung eines einmonatigen Fahrverbotes.

Wenn es beim qualifizierten Rotlichtverstoß zudem zu einer Gefährdung oder Sachbeschädigung anderer kommt, ist ein Bußgeld von 200 EUR fällig, nebst Eintrag von 4 Punkten sowie einem einmonatigen Fahrverbot.

Der neue Bußgeldkatalog ab Januar 2009 sieht auch bei diesen Verstößen eine saftige Erhöhung der Bußgelder vor. So erhöht sich die Geldbuße beim „normalen" Rotlichtverstoß von 50 EUR auf 90,00 EUR, beim qualifizierten Rotlichtverstoß von 125 EUR auf 200 EUR.

Werden andere Verkehrsteilnehmer gefährdet, wird dies mit einem Bußgeld von nunmehr 320 EUR bewertet, bei einer Sachbeschädigung verhängt die Behörde ein Bußgeld von 360 EUR.

Abstandsverletzung
Bei Nichteinhaltung des richtigen Abstandes zu seinem Vordermann beträgt die Geldbuße bei einer Geschwindigkeit bis 80 km/h 25 EUR. Wenn es hierdurch zu einer Gefährdung anderer Verkehrsteilnehmer kommt, erhöht sich die Geldbuße auf 30 EUR, bei zusätzlicher Sachbeschädigung beläuft sich das Bußgeld auf 35 EUR.

Bei einer Geschwindigkeit über 80 km/h muss zumindest $^{5}/_{10}$ des halben Tachowertes als Abstand eingehalten werden.

Beispiel *Bei 120 km/h beträgt der Mindestabstand zum vorausfahrenden Fahrzeug 30 Meter ($^{5}/_{10}$ der halben Geschwindigkeit).*
Bei weniger als $^{3}/_{10}$ Abstand wird regelmäßig von der Bußgeldbehörde nebst einem saftigen Bußgeld auch ein einmonatiges Fahrverbot angeordnet.

Die Höhe der jeweiligen Bußgelder entnehmen Sie bitte dem noch gültigen Bußgeldkatalog.

Der neue Bußgeldkatalog sieht ebenfalls ab Januar 2009 eine deutliche Erhöhung der Bußgelder bei Abstandsverletzungen vor; auch bei diesen Verstößen erfolgt fast eine Verdoppelung der bisherigen Geldbußen.

Fahren mit verkehrsunsicherem Kfz
Es gibt sehr viele Fälle gegen Fahrer und auch Halter wegen folgender Verstöße:

- nicht vorschriftsmäßige Ladung,
- Mängel an Bremsen, Lenkung etc.,
- mangelhafte Beleuchtung,
- Überschreiten der zulässigen Achslast,

- Überschreiten des zulässigen Gesamtgewichts von Kfz und Anhängern.

Hierdurch ist in aller Regel die Verkehrssicherheit erheblich beeinträchtigt.

Telefonieren während der Fahrt

Während der Fahrt ist dem Fahrzeugführer die Benutzung eines Mobil- oder Autotelefons untersagt, sofern das Kfz nicht über eine Freisprecheinrichtung verfügt. Neben einem Bußgeld gibt es hierfür 1 Punkt.

Unter Benutzung ist nicht nur das Telefonieren bzw. Anwählen einer Nummer zu verstehen, sondern bereits die Aufnahme oder das Halten des Hörers, ein Gespräch selbst ist nicht erforderlich.

Pflichten bei Benutzung von Autobahnen

Autobahnen dürfen nur von Kfz benutzt werden, deren Höchstgeschwindigkeit mehr als 60 km/h beträgt. Dies gilt auch für Kfz mit Anhänger.

Jegliches Wenden und Rückwärtsfahren, auch das Halten auf Seitenstreifen (außer in Notfällen) ist verboten und bußgeldpflichtig.

Die Ausfahrt von Autobahnen ist nur über vorgesehene Autobahnabfahrten zulässig.

Überschreiten der 0,5-Promille-Grenze

Beispiel *Berthold Biertrunk hat sich an seinem wöchentlichen Stammtisch – entgegen seinen sonstigen Gewohnheiten – einmal hinsichtlich seines Alkoholkonsumes „zurückgehalten", er „belohnt" sich hierfür damit, dass er noch kurz vor seiner Heimfahrt einen Joint „genehmigt".*

Biertrunk wird auf dem Heimweg von der Polizei angehalten und kontrolliert. Biertrunk muss sich einer Blutentnahme unterziehen, es werden 0,4 ‰ Alkohol festgestellt, zudem 9,0 Nanogramm des Cannabis-Wirkstoffs THC.

Biertrunk frohlockt, da er gehört hat, dass man erst ab einem Promille-Wert von 0,5 aufwärts Probleme mit der Bußgeldbehörde bekommt.
Freut sich Biertrunk nicht zu früh?

Biertrunk hat zwar hinsichtlich des festgestellten Promillewertes nichts zu befürchten, da eine Ordnungswidrigkeit erst ab 0,5 ‰ oder mehr (bis max. 1,09 ‰) vorliegt, Entsprechendes gilt ab 0,25 ng/l Alkohol in der Atemluft.

Zwar kann bereits ab einem Promillewert von 0,3 und hinzutretenden Unsicherheiten im Straßenverkehr eine Trunkenheitsfahrt gegeben sein (hierzu verweisen wir auf unsere Ausführungen zu „Trunkenheit im Verkehr" auf S. 42 f.), im Bußgeldrecht zählt jedoch der Grenzwert 0,5 bis 1,09 ‰.

Da Biertrunk sich jedoch einen „Joint gegönnt" hatte und demgemäß ein relativ hoher Wert des Cannabis-Wirkstoffes in seinem Blut festgestellt wurde, hat er gleichwohl eine Verkehrsordnungswidrigkeit begangen, da nicht nur Alkohol zählt, sondern auch andere berauschende Mittel, hierunter fällt natürlich und insbesondere Cannabis.

Ab einem Wert von zumindest 1,0 Nanogramm des Cannabis-Wirkstoffes THC im Blut wird eine Beeinträchtigung der Fahrtüchtigkeit stets angenommen, und die Verkehrsordnungswidrigkeit nach § 24a StVG liegt vor, sodass Biertrunk mit einer durchaus heftigen Geldbuße und einem Fahrverbot rechnen muss.

Hinsichtlich Alkohol gilt der Grenzwert 0,5 ‰, ab diesem Wert kann die Behörde eine Geldbuße bis zu 1.500 EUR verhängen, zudem ein Fahrverbot bis zu 3 Monaten.

Wäre beispielsweise bei Biertrunk ein Promillewert von 0,6 festgestellt worden und hätte er noch keine Voreintragungen, so würde in diesem Falle das Bußgeld 250 EUR betragen, zudem würde ein einmonatiges Fahrverbot angeordnet werden.

Zudem wird Biertrunk mit absoluter Sicherheit darüber hinaus großen Ärger mit der Fahrerlaubnisbehörde bekommen, da diese Behörde unabhängig von der bußgeldrechtlichen Sanktion genau prüfen wird, ob Biertrunk im Hinblick auf den festgestellten Wert in seinem Blut noch geeignet ist – nach den Kriterien der Fahrerlaubnisverordnung (FeV) –, Kfz im Straßenverkehr zu führen.

Sanktionen bei Verkehrsordnungswidrigkeiten

Die Sanktionen sind im Bußgeldkatalog aufgeführt. Hier ist zu beachten, dass ab 2009 erhebliche Verschärfungen geplant sind.

Bußgeldkatalog (voraussichtlich bis Dezember 2008)
Zumindest bis Dezember gilt der derzeitige Bußgeldkatalog fort. Auch 2009 wird er für entsprechende Altfälle aus 2008 Anwendung finden.

Verwarnung
Bei geringfügigen Ordnungswidrigkeiten kann die Verwaltungsbehörde den Betroffenen verwarnen und ein Bußgeld zwischen 5 und 35 EUR erheben, bei ganz geringen Verstößen kann auch eine Verwarnung ohne Verwarnungsgeld erteilt werden.

Eine Verwarnung ist jedoch nur dann zulässig, wenn der Betroffene nach entsprechender Belehrung mit dieser Vorgehensweise einverstanden ist und das Verwarnungsgeld sofort bezahlt.

Geldbußen bei Geschwindigkeitsüberschreitungen
Folgende Regelsätze gelten für Pkw (ohne Anhänger) und Motorräder:

Innerhalb geschlossener Ortschaften (auch für 30-km-Zone), Überschreitungen bis

– 10 km/h	15 EUR
– 11–15 km/h	25 EUR
– 16–20 km/h	35 EUR

– 21–25 km/h	50 EUR, 1 Punkt
– 26–30 km/h	60 EUR, 3 Punkte
– 31–40 km/h	100 EUR, 3 Punkte, 1 Monat Fahrverbot
– 41–50 km/h	125 EUR, 4 Punkte, 1 Monat Fahrverbot
– 51–60 km/h	175 EUR, 4 Punkte, 2 Monate Fahrverbot
– 61–70 km/h	300 EUR, 4 Punkte, 3 Monate Fahrverbot
über 70 km/h	425 EUR, 4 Punkte, 3 Monate Fahrverbot

Außerhalb geschlossener Ortschaften (z. B. Landstraße, Autobahn, auch in Baustellen)
Überschreitungen bis

– 10 km/h	10 EUR
– 11–15 km/h	20 EUR
– 16–20 km/h	30 EUR
– 21–25 km/h	40 EUR, 1 Punkt
– 26–30 km/h	50 EUR, 3 Punkte
– 31–40 km/h	75 EUR, 3 Punkte,
– 41–50 km/h	100 EUR, 3 Punkte, 1 Monat Fahrverbot
– 51–60 km/h	150 EUR, 4 Punkte, 1 Monat Fahrverbot
– 61–70 km/h	275 EUR, 4 Punkte, 2 Monate Fahrverbot
über 70 km/h	375 EUR, 4 Punkte, 3 Monate Fahrverbot

Das Bußgeld kann und wird in der Regel auch von der Bußgeldbehörde erhöht werden (bis zum doppelten Betrag), wenn bereits „Voreintragungen" im Verkehrszentralregister vorliegen. Wenn innerhalb eines Jahres zwei Geschwindigkeitsüberschreitungen von mehr als 25 km/h rechtskräftig festgestellt wurden, kann die Bußgeldbehörde neben einer erhöhten Geldbuße zudem ein Fahrverbot anordnen.

Fahrverbot

Bei einer grob pflichtwidrigen Verkehrsordnungswidrigkeit nach dem Bußgeldkatalog ist in aller Regel auch ein Fahrverbot angezeigt (indiziert). Dieses Fahrverbot beträgt zwischen 1 und 3 Monaten.

Vom Fahrverbot ist jedoch – in Ausnahmefällen von der Behörde oder zu einem späteren Zeitpunkt vom Gericht – dann abzusehen, wenn dieses Fahrverbot zur Einwirkung auf den Betroffenen nicht erforderlich ist oder dieses Fahrverbot für ihn eine ganz besondere Härte darstellt und die Folgen hieraus für ihn unzumutbar sind.

Erforderlichkeit des Fahrverbots

Für die Frage der Erforderlichkeit eines Fahrverbots gelten ausschließlich Umstände, die im Verkehrsverstoß selbst liegen, bei der Frage der Angemessenheit (besondere Härte) kommt es auf die persönlichen Folgen des Fahrverbotes beim Betroffenen an.

Ein Fahrverbot ist dann erforderlich, wenn der mit dem Fahrverbot verfolgte Erziehungszweck (Denkzettel!) nicht bzw. nicht mehr durch eine – auch deutlich erhöhte – Geldbuße erreicht werden kann.

Beispiel *Ingo Bleifuß wird zum dritten Mal im Jahr 2008 „geblitzt", er hat die zulässige Geschwindigkeit innerorts um 30 km/h überschritten.*
Bleifuß bittet die Bußgeldbehörde, vom Fahrverbot doch abzusehen, da er ansonsten große Probleme habe, von zuhause zur Arbeitsstätte und zurückzukommen. Kann Bleifuß auf Milde der Bußgeldbehörde hoffen?

Eindeutig nein. Dies bedarf keiner weiteren Erörterung, Bleifuß benötigt natürlich den Denkzettel des Fahrverbots aus „erzieherischen Gründen".

Eine besondere Härte, was die Folge des Fahrverbotes angeht, spielt hier keine Rolle.

Besondere Härte

Ob ein Fahrverbot angemessen ist, ist anhand der Folgen festzustellen und zu berücksichtigen. Die Bußgeldbehörde und – ggf. zu einem späteren Zeitpunkt das Gericht – müssen Feststellungen dazu treffen, ob ein Fahrverbot den Betroffenen im Vergleich zu anderen „Sündern" erheblich stärker belastet, also eine ganz besondere Härte vorliegt, die für den Betroffenen unzumutbar ist.

Bei dieser Überprüfung bzw. Abwägung ist die Schwere des Verkehrsverstoßes ebenso von Bedeutung wie auch mögliche frühere „Sünden" des Betroffenen im Verkehrszentralregister.

Unberücksichtigt bleiben Folgen eines Fahrverbotes, die für jeden Betroffenen zutreffen, also Unannehmlichkeiten durch früheres Aufstehen bei Benutzung öffentlicher Verkehrsmittel, längere Fußwege bei Wind und Wetter u. a.

Das Fahrverbot soll schließlich grob pflichtwidriges Fehlverhalten im Straßenverkehr sanktionieren; Ziel ist es, dass der Betroffene nach Ablauf des Fahrverbotes so beeindruckt ist, dass er sich zukünftig an die Regeln im Straßenverkehr hält.

Ein Fahrverbot ist jedoch dann eine besondere Härte, wenn der Betroffene – in einem Anstellungsverhältnis stehend – konkret mit dem Verlust seines Arbeitsplatzes rechnen muss, falls das Fahrverbot vollstreckt werden würde.

Eine weitere besondere Härte stellt zum Beispiel die Versorgung eines schwerstkranken Menschen dar, wenn also die Pflegekraft nur mit dem Pkw zum Kranken kommen kann, um die Pflege zu gewährleisten.

Vor einigen Jahren wurde vom Gesetzgeber die Vorschrift des § 25a StVG eingeführt, die den Betroffenen die Möglichkeit gibt, sollte das Fahrverbot unabwendbar sein, zumindest den Zeitpunkt günstig „legen" zu können.

Nach dieser Vorschrift wird Betroffenen, die in den letzten beiden Jahren vor dem erneuten Verstoß kein Fahrverbot „verbüßen" mussten, die Möglichkeit gegeben, den Führerschein erst bis zu 4 Monate nach Rechtskraft des Bußgeldbescheides abzugeben.

Durch diese Regelung sollte dem Betroffenen die Möglichkeit gegeben werden, beispielsweise die Zeit des Fahrverbotes in seinen Jahresurlaub zu legen, um insbesondere die beruflichen Folgen und Unannehmlichkeiten abzumildern.

Diese „4-Monats-Regelung" ist zwar durchaus begrüßenswert, die Kehrseite hieraus ist jedoch, dass die Bußgeldbehörden und auch Amtsgerichte heute viel seltener von einem Fahrverbot absehen, da eben damit argumentiert wird, dass die Folgen hieraus durch Ausschöpfung des eingeräumten Zeitraumes abgemildert werden können.

Es gilt daher der Grundsatz, dass bei Vorliegen einer grob pflichtwidrigen Verkehrsordnungswidrigkeit heute nur noch sehr selten vom Fahrverbot abgesehen wird. Hierzu noch ein etwas amüsantes Beispiel:

Beispiel *Ingo Bleifuß ist auf der Autobahn unterwegs, urplötzlich erwischt ihn „Montezumas Rache", also heftiger Durchfall. Bleifuß befürchtet Böses, er gibt daher richtig Gas, um so schnell als möglich zum nächsten Parkplatz zu kommen, um sich zu „erleichtern". Zwei Kilometer vor dem Parkplatz wird er geblitzt, die Bußgeldbehörde ordnet neben dem Bußgeld auch ein einmonatiges Fahrverbot an. Kann Bleifuß in diesem Falle mit einem Absehen vom Fahrverbot rechnen?*

Nach einer jüngst ergangenen Entscheidung eines Oberlandesgerichts hat Bleifuß in diesem Falle durchaus Chancen, vom Fahrverbot verschont zu bleiben.

Er muss jedoch gegenüber der Behörde und ggf. dem Gericht glaubhaft machen, dass ihn „Montezumas Rache" erwischt hat; Bleifuß sollte daher unmittelbar nach seiner Rückkehr seinen Hausarzt aufsuchen, damit dieser – nach entsprechender Untersuchung – Bleifuß bestätigen kann, dass sein „Schicksalsschlag" nicht vorgetäuscht war, sondern tatsächlich eine entsprechende Durchfallerkrankung gegeben war.

Wenn also ein Fahrverbot droht, sollte unbedingt ein Anwalt aufgesucht werden, damit dieser anhand der Kriterien des Einzelfalles prüfen und beurteilen kann, ob ein Absehen vom Fahrverbot möglich ist.

Das Fahrverbot beginnt erst dann „zu laufen", wenn der Führerschein in die entsprechende Verwahrung bei der zuständigen Bußgeldbehörde (oder bei Gericht) gelangt ist. Es sollte also stets genau darauf geachtet werden, welche Behörde für den Vollzug des Fahrverbotes zuständig ist, da eben erst mit Eingang des Führerscheins vor Ort der Zeitablauf beginnt.

Beispiel *Ingo Bleifuß hat den Bußgeldbescheid, der auch ein einmonatiges Fahrverbot beinhaltet, von der Stadt Kiel erhalten. Er gibt den Führerschein anlässlich seines Urlaubs im Bayerischen Wald beim dortigen Polizeiposten am 1. 5. 2008 ab. Von dort wird der Führerschein nach Kiel übersandt und trifft dort erst am 5. 5. 2008 ein.*
Ingo Bleifuß wendet sich empört am 1. 6. 2008 an die Bußgeldbehörde in Kiel und fragt nach, warum sein Führerschein noch nicht wieder übersandt worden sei, der Monat sei schließlich abgelaufen, und wenn die Behörde „schlafe", könne er hierfür nichts. Darf Bleifuß in diesem Fall ab 1. 6. 2008 wieder fahren?

Nein. Wie erwähnt, beginnt die Frist des einmonatigen Fahrverbotes erst dann, wenn der Führerschein bei der zuständigen Bußgeldbehörde eingetroffen ist, dies ist im Fall unseres Ingo Bleifuß eben erst am 5. 5. 2008 der Fall gewesen, sodass das Fahrverbot erst mit Ablauf des 4. 6. 2008 endet.

Es obliegt immer dem Risiko des Betroffenen dafür zu sorgen, dass sein Führerschein rechtzeitig bei der zuständigen Bußgeldbehörde eingeht. Wenn ein Betroffener trotz Rechtskraft des Fahrverbotes seinen Führerschein nicht rechtzeitig der zuständigen Behörde übersendet, droht ihm auch ein entsprechendes Bußgeld. Zudem wird er mit Sicherheit sehr zeitnah Besuch von der örtlichen Polizei bekommen, die den Führerschein zwecks Vollstreckung des Fahrverbotes beschlagnahmen wird.

Wer zudem trotz eines laufenden Fahrverbotes weiterhin am Straßenverkehr teilnimmt, getreu dem Motto „Ich werde schon nicht erwischt", macht sich wegen Fahrens ohne Fahrerlaubnis strafbar und bekommt – zu Recht – weiteren gewaltigen Ärger mit der Justiz, da das Fahren ohne Fahrerlaubnis eine Verkehrsstraftat darstellt.

Geplante Verschärfung im Bußgeldkatalog ab Januar 2009

Ab Januar 2009 wird, sollte der Gesetzesentwurf der Bundesregierung auch von Bundestag und Bundesrat verabschiedet werden, eine deutliche Verschärfung hinsichtlich der Bußgelder eintreten. Die bisher im Bußgeldkatalog vorgesehenen Geldbußen sollen fast verdoppelt werden.

Bei einer Überschreitung der Höchstgeschwindigkeit bedeutet dies etwa:

- um 30 km/h nunmehr 80 EUR (statt 50 EUR),
- um 70 km/h nunmehr 600 EUR (statt 375 EUR).

Die beabsichtigten Änderungen der Bußgeldkatalogverordnung – Stand 1. April 2008 (Kabinettsbeschluss) – können Sie der Homepage des Bundesministeriums für Verkehr, Bau- und Stadtentwicklung entnehmen. Dort finden Sie unter www.bmvbs.de/Verkehr-,1405.1038802/Tiefensee-Mit-Haerte-Gegen-Ras.htm als Anlage die beabsichtigten Änderungen.

Es ist zu erwarten, dass noch einige Modifikationen erfolgen, die Bundestag und/oder Bundesrat beschließen werden. Unter der Homepage des Ministeriums kann dann im Spätherbst die konkrete Änderung der Bußgeldkatalogverordnung in Anlage eingesehen werden.

Der Bußgeldbescheid

Wenn die Bußgeldbehörde der Ansicht ist, den richtigen „Betroffenen" erwischt zu haben, erlässt sie gegen diese Person einen Bußgeldbescheid.

Im Bußgeldbescheid muss konkret die Verkehrsordnungswidrigkeit angegeben sein, die dem Betroffenen vorgeworfen wird, auch Zeit und Ort.

Der Bußgeldbescheid beinhaltet – natürlich – die Sanktion, also das Bußgeld, die Auslagen der Behörde u. a. und – sofern die Voraussetzungen vorliegen – auch ein Fahrverbot.

Der Bußgeldbescheid muss ferner die Belehrung für den Betroffenen beinhalten, dass dieser das Recht hat, innerhalb von zwei Wochen nach Zugang (Zustellung) des Bußgeldbescheides hiergegen **Einspruch** einzulegen.

Die Bußgeldbehörde muss immer den Nachweis führen, dass der Bußgeldbescheid ordnungsgemäß dem Betroffenen zugestellt wurde bzw. in seinen Machtbereich (Briefkasten) gelangt ist. Dabei ist auch die Aushändigung an einen Familienangehörigen, der mit dem Betroffenen zusammenwohnt, ausreichend.

Zumeist erfolgt die Übersendung eines Bußgeldbescheides in einem gelben Umschlag, der auf seiner Vorderseite als Absender die jeweilige Bußgeldbehörde aufweist.

Wichtig ist, dass man sich den Bußgeldbescheid genau durchliest und dann entscheidet, ob es Sinn macht, hiergegen vorzugehen.

Ist der Betroffene von seiner Sünde überzeugt und sieht ein, dass er keine Chance hat „davonzukommen", wird er den Bußgeldbescheid bezahlen und die Punkte in Flensburg demütig hinnehmen.

Rechtsbehelf gegen den Bußgeldbescheid

Ist der Betroffene mit dem Inhalt des Bußgeldbescheides nicht einverstanden oder „pokert" er damit, davonzukommen, hat er die Möglichkeit, gegen diesen Bußgeldbescheid innerhalb zwei Wochen nach Zugang, Einspruch einzulegen.

Eine andere Bezeichnung des Einspruches, wie etwa Widerspruch oder Klage, ist unschädlich, der Betroffene muss jedoch zum Ausdruck bringen, dass er gegen diesen Bußgeldbescheid rechtlich vorgehen will.

Beispiel *Wenn ein Betroffener der Bußgeldbehörde mitteilt, dass er über den Tatvorwurf und insbesondere über die Sanktion empört sei, dürfte dies in aller Regel nicht ausreichen. Schreibt der Betroffene jedoch, dass er „Protest" gegen den Bußgeldbescheid einlegen möchte, so wird dies als zulässiger Rechtsbehelf – im Sinne eines Einspruches – gewertet.*

Wenn der Betroffene die Zwei-Wochen-Frist versäumt, hat er die Möglichkeit, Wiedereinsetzung in den vorigen Stand zu beantragen. Erfolgreich ist dies aber nur, wenn er ohne Verschulden darin gehindert war, die Zwei-Wochen-Frist einzuhalten.

In den meisten Fällen lohnt es sich, den Einspruch auch zu begründen. In aller Regel sollte dies jedoch vorher mit einem Rechtsanwalt besprochen werden, auch hier gilt mitunter der Grundsatz *„Reden ist Silber, Schweigen ist Gold"*.

Wenn die Bußgeldbehörde dem Einspruch nicht abhilft, wird die Bußgeldakte dann über die zuständige Staatsanwaltschaft dem Amtsgericht übersandt, in dessen Bezirk die Ordnungswidrigkeit begangen wurde oder begangen worden sein soll.

Gerichtliches Verfahren

Das Amtsgericht prüft nochmals den Tatvorwurf und die vorliegenden Beweismittel. Hat das Amtsgericht Bedenken hinsichtlich des Tatnachweises, wird es die Akte der Bußgeldbehörde zurückschicken, dies ist jedoch – leider – nur sehr selten der Fall.

In aller Regel wird das Amtsgericht dann den Termin zur mündlichen Hauptverhandlung in dieser Bußgeldsache bestimmen.

Ladung der Zeugen und des Betroffenen
Das Gericht wird auch die Personen als Zeugen laden, die aus seiner Sicht zum Tatvorwurf entsprechende Angaben machen können, um ggf. den Betroffenen zu überführen. Häufig werden auch Sachverständige zur Hauptverhandlung geladen.

Der Betroffene und sein Verteidiger haben natürlich ebenso die Möglichkeit, die Ladung von Zeugen zu beantragen.

Das Amtsgericht kann von der Ladung des Betroffenen absehen, wenn dieser zum Tatvorwurf selbst nichts sagen kann oder mitgeteilt hat, dass er keine Angaben machen wird und zudem in der Hauptverhandlung durch einen Verteidiger vertreten ist.

Urteil oder Beschluss
Ist das Amtsgericht dann nach durchgeführter Beweisaufnahme in der Hauptverhandlung davon überzeugt, dass der Betroffene die Verkehrsordnungswidrigkeit begangen hat, so entscheidet es durch Urteil. In Ausnahmefällen ist auch eine Entscheidung im Beschlusswege möglich, also im schriftlichen Verfahren.

Rechtsbeschwerde
Gegen ein Urteil oder einen Beschluss eines Amtsgerichts ist das Rechtsmittel der Rechtsbeschwerde dann zulässig, wenn gegen den Betroffenen eine Geldbuße von mehr als 250 EUR festgesetzt wurde oder eine Nebenfolge angeordnet wurde, insbesondere ein Fahrverbot.

Die weiteren Voraussetzungen der Rechtsbeschwerde sind in § 79 OWiG geregelt.

In Ausnahmefällen kann auch bei einem Bußgeld unter 250 EUR das zuständige Oberlandesgericht die Rechtsbeschwerde zulassen, wenn sie geboten ist. Dies gilt insbesondere in den Fällen, wenn die Nachprüfung der erstinstanzlichen Entscheidung zur Fortbildung des Rechts dient oder zur Sicherung einer einheitlichen Rechtsprechung.

Die Rechtsbeschwerde muss innerhalb eines Monats nach Zustellung der erstinstanzlichen Entscheidung schriftlich begründet werden, am besten durch einen Rechtsanwalt.

Die Erfolgsaussichten einer Rechtsbeschwerde sind jedoch regelmäßig relativ gering.

Häufig wird Rechtsbeschwerde eingelegt, um Zeit zu gewinnen, gerade bei einem drohenden Fahrverbot; ob dies Sinn macht, ist auf alle Fälle ebenfalls mit einem geeigneten Rechtsanwalt vorab zu besprechen.

Verjährung einer Verkehrsordnungswidrigkeit

Verjährung heißt in diesem Zusammenhang, dass eine Ordnungswidrigkeit nicht mehr geahndet wird, weil eine gewisse Zeit vergangen ist.

Verfolgungsverjährung
Normalerweise richtet sich die Verjährung nach der Höhe der Bußgeldandrohung.

Beispiel *Eine Ordnungswidrigkeit, die mit einer Geldbuße von nicht mehr als 1.000 EUR bedroht ist, verjährt innerhalb von sechs Monaten (seit der Tatbegehung).*

Verkehrsordnungswidrigkeiten verjähren jedoch nach dem Gesetz bereits in **drei** Monaten, falls in dieser Zeit keine Unterbrechung der Verjährung erfolgt ist.

Für die Berechnung der Verjährungsfrist von drei Monaten gilt: Die Verjährung beginnt, wenn die Verkehrsordnungswidrigkeit, z.B. die Geschwindigkeitsüberschreitung, beendet wurde. Der Tag, an dem diese Überschreitung beendet war, zählt jedoch bei der Berechnung nicht mit. Der letzte Tag der Frist ist dann der Tag, der nach Benennung oder Zahl dem Tag entspricht, in den die Ordnungswidrigkeit fiel.

Dies hört sich kompliziert an, lässt sich jedoch einfach aufzeigen: Ist eine Verkehrsordnungswidrigkeit am 31. März begangen worden, so ist der 1. Tag der Verjährungsfrist der 1.4. Die Frist für die Verfolgungsverjährung läuft dann am 30.6. ab, dies nur, weil es den 31.6. nicht gibt.

In vielen Fällen ergeht ein Bußgeldbescheid jedoch erst nach Ablauf der 3 Monate.

Beispiel *Ingo Bleifuß ist – mal wieder – erheblich zu schnell gefahren. Er wurde am 31.3.2008 „geblitzt".*
Am 15.7.2008 erhält Ingo Bleifuß den Bußgeldbescheid der zuständigen Behörde, die seine erhebliche Geschwindigkeitsüberschreitung mit einer saftigen Geldbuße und einem Fahrverbot sanktioniert.
Ingo Bleifuß hatte von einem guten Bekannten gehört, dass Verkehrsordnungswidrigkeiten nach 3 Monaten verjähren.
Ingo Bleifuß schreibt einen Brief an die Behörde, in welchem er mitteilt, dass er zwar gefahren sei, er jedoch nicht bestraft werden könne, da Verjährung eingetreten sei. Er teilt im Übrigen noch mit, dass er sich diebisch darüber freue, dass die Behörde „geschlafen" und ihm den Bußgeldbescheid nicht innerhalb der Frist von 3 Monaten zugestellt habe. Freut sich Ingo Bleifuß zu Recht?

Die Freude wäre dann berechtigt, wenn die Frist der Verfolgungsverjährung von 3 Monaten von der Behörde nicht wirksam unterbrochen worden wäre.

Die Verjährung wird beispielsweise durch die erste Vernehmung des Betroffenen unterbrochen oder durch die Mitteilung, dass gegen ihn ein Bußgeldverfahren eingeleitet ist, ferner durch eine Zeugenvernehmung, einen Ermittlungsauftrag u. a.

Häufig hat ein Betroffener von solchen Maßnahmen keine Kenntnis. So wird bereits der Ausdruck eines EDV-Anhörungsbogens grundsätzlich als geeignete Maßnahme für eine Unterbrechung der Verjährung gewertet, selbst wenn dieser Anhörungsbogen erst wesentlich später dem Betroffenen übersandt wird; die Unterbrechung gilt sogar dann, wenn der EDV-Anhörungsbogen dem Betroffenen gar nicht zugehen sollte.

Auch rein behördeninterne Vorgänge, wie der Vermerk des Sachbearbeiters, dass gegen den Betroffenen nunmehr ein Bußgeldverfahren eingeleitet werde, reichen für die Unterbrechung der Verjährung aus.

Es gilt daher der Grundsatz, dass man überhaupt nicht davon ausgehen kann, dass Verjährung eingetreten ist, nur weil der Bußgeldbescheid nicht innerhalb von 3 Monaten zugestellt wurde.

Sollte also Ingo Bleifuß ab dem 31. 3. 2008 einen Anhörungsbogen erhalten haben, sollte ihm mitgeteilt worden sein, dass gegen ihn ermittelt werde, etc., so führt jede dieser Maßnahmen dazu, dass die Verjährung dann wieder von vorne „zu laufen" beginnt.

Welche Maßnahmen zu einer Unterbrechung der Verjährung führen, ist in § 33 OWiG geregelt. Eine Auflistung der über 15 Maßnahmen führt jedoch an dieser Stelle zu weit.

Eine endgültige Verfolgungsverjährung tritt erst nach zwei Jahren ein. Sollte bis dahin die Verfolgung des Betroffenen nicht abgeschlossen sein, kann es keine weitere Unterbrechungsmaßnahme geben.

Es gilt im Übrigen der Grundsatz, dass die Bußgeldbehörde selbst verpflichtet ist, im Rahmen der Amtsermittlung zu prüfen, ob Verfolgungsverjährung eingetreten ist.

Dies gilt selbstverständlich auch für die Fälle, in denen nach Erlass eines Bußgeldbescheides Einspruch eingelegt wurde und demgemäß die Amtsgerichte zuständig sind.

Sollte tatsächlich einmal Verfolgungsverjährung eingetreten sein, so schließt dies eine Sanktionierung der Verkehrsordnungswidrigkeit und die Anordnung von Maßnahmen aus.

In diesen Fällen wird das Verfahren gegen den Betroffenen eingestellt, und die Kosten dieses Verfahrens werden der Staatskasse auferlegt. Der Betroffene muss jedoch seine notwendigen Auslagen (hierunter fallen insbesondere die Verteidigerkosten) selbst bezahlen, sofern keine Rechtsschutzversicherung besteht.

Vollstreckungsverjährung

Bei der Vollstreckungsverjährung geht es darum, wie lange die Bußgeldbehörde die Sanktionsmaßnahmen aus einem rechtskräftigen Bußgeldbescheid vollstrecken darf.

Daher setzt die Prüfung einer Vollstreckungsverjährung stets einen rechtskräftigen Bußgeldbescheid oder ein solches Urteil voraus. Die Frist für die Vollstreckungsverjährung beträgt bei einer Geldbuße bis zu 1.000,00 EUR 3 Jahre, bei einer Geldbuße über 1.000,00 EUR 5 Jahre.

Fristbeginn für die Vollstreckungsverjährung ist immer der Tag, an welchem die Entscheidung (Bußgeld/Urteil) rechtskräftig wurde. Nach Eintritt der Vollstreckungsverjährung darf die Sanktion nicht mehr vollstreckt werden.

Man sollte jedoch nicht darauf vertrauen, dass eine Vollstreckungsverjährung eintritt. In der Praxis kommen diese Fälle selten vor.

Verkehrszentralregister (VZR), Punkte und deren Löschung

Im Verkehrszentralregister, welches beim Kraftfahrtbundesamt in Flensburg geführt wird, auch „Flensburger Verkehrssünderdatei" genannt, werden alle Verurteilungen in Verkehrsstrafsachen, ferner alle rechtskräftigen Bußgeldbescheide bei Verkehrsordnungswidrigkeiten, sofern zumindest mit einem Punkt bewertet, eingetragen und gespeichert. Ebenso gespeichert werden die richterliche Anordnung von Fahrverboten und Entziehungen der Fahrerlaubnis, die Versagung und Entziehung der Fahrerlaubnis durch die jeweilige Führerscheinbehörde und auch unanfechtbare Entscheidungen ausländischer Gerichte und Führerscheinbehörden, soweit sie eine Person betreffen, die eine deutsche Fahrerlaubnis besitzt.

Punktesystem im Verkehrszentralregister
Für bestimmtes Fehlverhalten erhalten die Straßenverkehrsteilnehmer Punkte im VZR. Werden dabei bestimmte Grenzen erreicht, drohen Konsequenzen, auf die gleich noch eingegangen wird.

Ordnungswidrigkeiten
Ordnungswidrigkeiten werden ab einem Bußgeld von 40 EUR aufwärts mit 1 bis 4 Punkten eingetragen.

Mit 4 Punkten wird bspw. eine Fahrt mit einer Blutalkoholkonzentration von 0,5 Promille oder mehr bewertet, ebenso werden 4 Punkte bei einer Überschreitung der zulässigen Höchstgeschwindigkeit von mehr als 40 km/h innerhalb geschlossener oder um mehr als 50 km/h außerhalb geschlossener Ortschaften eingetragen.

Verkehrsstraftaten
Bei einer rechtskräftigen Verurteilung in einer Verkehrsstrafsache erfolgt – je nach Verkehrsstraftat – eine Eintragung zwischen 5 und 7 Punkten im VZR.

7 Punkte werden bspw. bei einem Trunkenheitsdelikt, ferner bei Gefährdung des Straßenverkehrs und beim unerlaubten Entfernen vom Unfallort eingetragen. Mit 6 Punkten wird das Führen (Fahren) oder Anordnen oder Zulassen des Führens eines Kfz ohne Fahrerlaubnis bewertet, ebenso der Kennzeichenmissbrauch. Alle anderen Straftaten (z. B. fahrlässige Tötung, fahrlässige Körperverletzung) werden mit 5 Punkten eingetragen.

Auskunft zum Punktestand

Jeder Inhaber einer Fahrerlaubnis hat das Recht, **kostenlos** eine Auskunft hinsichtlich seines aktuellen Punktestandes beim Kraftfahrtbundesamt in Flensburg einzuholen.

Alles Nähere hierzu ist der Homepage des Kraftfahrtbundesamtes unter www.kba.de zu entnehmen.

Tilgung der Eintragungen (Löschung der Punkte)

Punkte, die wegen einer Ordnungswidrigkeit eingetragen wurden, werden nach zwei Jahren (seit Begehung der Tat, nicht seit der rechtskräftigen Entscheidung) getilgt bzw. gelöscht.

Diese Tilgung erfolgt jedoch nur dann, wenn in dieser Zeit keine neue Ordnungswidrigkeit, d. h. kein einziger neuer Punkt, im VZR eingetragen wird.

Wenn dies der Fall ist, verlängert sich die Tilgungsfrist entsprechend um zwei Jahre.

Beispiel *Biertrunk ist am 30. 4. 2006 – wieder einmal – zu schnell gefahren, hierfür waren 3 Punkte fällig und wurden im VZR eingetragen. Am 28. 4. 2008 hat es wieder geblitzt, und wiederum sind 3 Punkte fällig.*
Biertrunk meint, dies sei nicht so schlimm, da die „alten" Punkte ja ohnehin ab Ende April 2008 gelöscht werden. Biertrunk irrt jedoch! Die „alten" 3 Punkte werden eben nicht getilgt, sondern erst zusammen mit den Punkten der neuen OWi, somit zum 28. 4. 2010.

Punkte, die aus verkehrsstrafrechtlichen Verurteilungen resultieren, unterliegen einer Tilgungsfrist von fünf Jahren, mit Ausnahme von Alkohol- und Drogendelikten. Diese Fälle werden erst nach zehn Jahren getilgt.

Wichtig ist zu wissen, dass nach Eintritt der Tilgungsreife die Eintragung erst nach einem weiteren Jahr, der sog. Überliegefrist, tatsächlich gelöscht wird. Während dieser Überliegefrist dürfen jedoch solche Eintragungen nicht den entsprechenden Behörden oder Gerichte übermittelt werden, es sei denn, dass der Betroffene zustimmt.

Bei Verkehrsstraftaten, die im Zusammenhang mit Alkohol oder Drogen stehen, also erst nach zehn Jahren gelöscht werden, darf das KBA nach Ablauf von fünf Jahren nur diese Daten an Behörden übermitteln, sofern diese Daten für die Erteilung oder Entziehung einer Fahrerlaubnis benötigt werden.

Ebenso ist die Weiterleitung der Daten an Gerichte zulässig, sofern es um eine Entscheidung der Entziehung der Fahrerlaubnis – in einem neuen Verfahren – geht.

Was tun mit vielen Punkten im VZR?
Hierbei ist die freiwillige Teilnahme an einem Aufbauseminar von einer behördlichen Anordnung zu dieser Teilnahme zu unterscheiden.

Wenn ein Betroffener ohne Anordnung der Führerschein-/Fahrerlaubnisbehörde – vor Erreichen von 8 Punkten – freiwillig an einem Aufbauseminar teilnimmt, so können bei Vorliegen von bis zu 8 Punkten **4 Punkte** abgebaut werden, bei einem Stand von 9 bis 13 Punkten dürfen nur noch **2 Punkte** abgezogen werden, für Teilnehmer an einer verkehrspsychologischen Beratung ist die Reduzierung von **2 Punkten** erreichbar, wenn sie noch keine 18 Punkte (also 14 bis 17 Punkte) aufweisen.

Eine Reduzierung der Punktezahl für den freiwilligen Besuch eines Aufbauseminars oder einer verkehrspsychologischen Beratung ist jedoch nur einmal innerhalb eines Zeitraumes von fünf Jahren möglich.

Verwarnung und Hinweis auf Aufbauseminar

Hat der Betroffene 8 Punkte im VZR erreicht, wird er von der Fahrerlaubnisbehörde verwarnt, unter Hinweis auf seinen aktuellen Punktestand. Der Betroffene wird auch auf die Möglichkeit der Teilnahme an einem Aufbauseminar hingewiesen.

Wenn 14 Punkte, jedoch nicht mehr als 17 Punkte, eingetragen sind, ordnet die Fahrerlaubnisbehörde die Teilnahme an einem Aufbauseminar an, es erfolgt jedoch kein „Punkterabatt".

Sollte der Betroffene in den letzten 5 Jahren bereits an einem solchen Aufbauseminar teilgenommen haben, erfolgt nur eine Verwarnung von Seiten der Behörde.

Wenn der Betroffene bei dieser Punktezahl am Aufbauseminar nicht teilnimmt, wird ihm von der Führerscheinbehörde die Fahrerlaubnis entzogen.

Falls ein Betroffener 18 oder mehr Punkte im VZR aufweist, erfolgt automatisch die Entziehung der Fahrerlaubnis durch die zuständige Behörde, da die gesetzliche Vermutung der Nichteignung zum Führen von Kraftfahrzeugen vorliegt.

Vor Ablauf von sechs Monaten darf keine neue Fahrerlaubnis erteilt werden, in der Regel wird von der Behörde jedenfalls die Vorlage eines positiven Gutachtens (MPU – Medizinisch-Psychologische Untersuchung) verlangt.

Verkehrsstrafsachen

Zu den wichtigsten Straßenverkehrsdelikten – geregelt im Strafgesetzbuch, kurz StGB – gehören die Straftatbestände der fahrlässigen Körperverletzung (§ 229 StGB), der fahrlässigen Tötung (§ 222 StGB), der Trunkenheit im Verkehr (§ 316 StGB), der Gefährdung des Straßenverkehrs (§ 315c StGB) und des unerlaubten Entfernens vom Unfallort (§ 142 StGB). Diese in der strafrechtlichen Praxis häufig vorkommenden Delikte werden im Folgenden näher erläutert.

Fahrlässige Körperverletzung und fahrlässige Tötung

Zwei gewichtige Tatvorwürfe im Straßenverkehr sind zum einen die fahrlässige Körperverletzung und zum anderen die fahrlässige Tötung.

Bei beiden Taten wirft man dem Täter ein fahrlässiges Handeln vor.

Was ist Fahrlässigkeit?
Auf den Punkt gebracht muss man unter Fahrlässigkeit die Außerachtlassung der im Verkehr erforderlichen Sorgfalt verstehen.

Aber was ist denn nun die im Verkehr erforderliche Sorgfalt?

Das Gesetz bestimmt, dass sich jeder Verkehrsteilnehmer so zu verhalten hat, dass kein anderer geschädigt, gefährdet, behindert oder belästigt wird.

Eine erhöhte Aufmerksamkeit wird vom Verkehrsteilnehmer dann gefordert, wenn im Straßenverkehr verkehrsunsichere Personen wie Kinder, alte oder gebrechliche Menschen auftauchen. Dann muss man nämlich auf deren unsicheres und spontanes Verhalten gefasst sein.

Das Gesetz verlangt auch ein besonderes Verhalten, wenn man auf einen erkennbar betrunkenen Pkw-Fahrer oder Fahrradfahrer trifft.

Hier wird vom unsichtigen Verkehrsteilnehmer erwartet, dass er einen ausreichenden Sicherheitsabstand einhält.

Im Umkehrschluss bedeutet dies, dass man als sorgsamer Straßenverkehrsteilnehmer auch damit rechnen muss, dass andere Verkehrsteilnehmer ihre Pflichten nicht ordnungsgemäß einhalten. Wie sonst kann von einem Verkehrsteilnehmer erwartet werden, dass er einen Sicherheitsabstand zum betrunkenen Fahrradfahrer einhalten muss?

Setzen Sie die Messlatte für die im Verkehr erforderliche Sorgfaltspflicht ruhig ein wenig höher an, um auf der sicheren Seite zu sein.

Der Strafantrag

Vielleicht ist es Ihnen schon einmal passiert, dass Sie nach einem Verkehrsunfall gefragt worden sind, ob Sie Strafantrag gegen den Unfallverursacher erstatten wollen.

Dazu ist Ihnen sicherlich ein Formular vorgelegt worden, indem Sie auch darauf hingewiesen wurden, dass Sie diesen Strafantrag binnen einer Frist von 3 Monaten stellen können.

Dies hat den Hintergrund, dass der Täter einer fahrlässigen Straftat nur dann verurteilt werden kann, wenn gegen ihn ein Strafantrag eines Berechtigten, nämlich meistens des Opfers, vorliegt. Nur selten wird die Staatsanwaltschaft aus dem Grund eines besonderen öffentlichen Interesses die Tat verfolgen.

Wollen Sie nicht, dass der Unfallverursacher wegen einer fahrlässigen Tat verurteilt wird, so sollten Sie keinen Strafantrag stellen. Liegt Ihnen daran, dass er für sein Fehlverhalten zur Rechenschaft gezogen wird, sollten Sie den Strafantrag auf jeden Fall stellen.

Trunkenheit im Verkehr

Der Straftatbestand der Trunkenheit im Verkehr (§ 316 StGB) gehört zu den Standardfällen im Alltag der deutschen Strafgerichte. Diese Strafvorschrift hat folgenden Wortlaut:

„Wer vorsätzlich oder fahrlässig im Verkehr ein Fahrzeug führt, obwohl er infolge des Genusses alkoholischer Getränke oder anderer berauschender Mittel nicht in der Lage ist, das Fahrzeug sicher zu führen, wird mit Freiheitsstrafe bis zu einem Jahr oder mit Geldstrafe bestraft."

Kurz, es wird derjenige bestraft, der in trunkenem Zustand ein Fahrzeug im Straßenverkehr führt, und zwar unabhängig davon, ob Dritte tatsächlich gefährdet wurden oder nicht. Dies deshalb, weil davon ausgegangen wird, dass das Fahren unter Rauschmitteln an sich schon gefährlich ist.

Da diese Tatvorwürfe sehr häufig vorkommen, d. h. zahlreiche Verkehrsteilnehmer in betrunkenem oder berauschtem Zustande ein Fahrzeug im Straßenverkehr führen, haben Staatsanwaltschaften intern Strafenkataloge aufgestellt, bei denen es im Wesentlichen darauf ankommt

- mit wie viel Promille der Verkehrsteilnehmer gefahren ist
- wie häufig er in der Vergangenheit wegen eines entsprechenden Deliktes aufgefallen ist und
- wie viel er verdient.

Aus dem Katalog ist sodann die individuelle Strafe ersichtlich.

Waren die Kataloge bei Bemessung der Strafen in der Vergangenheit in den Bundesländern sehr unterschiedlich, so sind sie heute fast angeglichen.

Nun aber zurück zu den Voraussetzungen für eine entsprechende Bestrafung.

Es muss also ein Fahrzeug im Straßenverkehr geführt worden sein, und dies in einem Trunkenheits- oder Rauschzustand

Was zählt als Fahrzeug?
Völlig klar ist, dass zu den Fahrzeugen Autos, Lastkraftwagen, sonstige Kraftfahrzeuge und Krafträder gehören. Aber auch Schienenfahrzeuge, Motorschiffe und Motorflugzeuge zählen dazu.

Aber selbst das Fahrrad, das Segel- und Ruderboot oder Segelflugzeuge und auch die Pferdekutsche werden als Fahrzeuge angesehen.

Auch der Fahrradfahrer führt ein Fahrzeug im Straßenverkehr und kann deshalb wegen einer Trunkenheitsfahrt verurteilt werden.

Was heißt „Führen"?
Die nächste Frage ist nun: Wann hat der Verkehrsteilnehmer ein Fahrzeug geführt?

Mittlerweile ist die Rechtsprechung sich dahin einig, dass ein Fahrzeug nur dann geführt worden ist, wenn es sich auch tatsächlich bewegt hat.

Das bloße Anlassen des Motors oder der vergebliche Versuch, ein stecken gebliebenes Fahrzeug frei zu bekommen, fällt noch nicht unter diese Vorschrift (hier hat sich die Rechtsprechung gewandelt, früher war es bei einigen Gerichten tatsächlich üblich, dass bereits das bloße Anlassen des Motors zu einer Verurteilung wegen einer Trunkenheitsfahrt ausgereicht hat).

Muss beim Pkw nun meist der Motor angelassenen sein, um diesen bewegen zu können, so reicht es bei einem Motorrad allerdings bereits aus, wenn sich der Fahrer auf das Motorrad gesetzt hat und sich mit den Füßen vom Boden abstößt. Gleiches gilt natürlich auch beim Fahrradfahrer.

Auch führt derjenige ein Fahrzeug, der beim Abschleppen Lenkung und Bremse des abgeschleppten Wagens betätigt. Anderes soll gelten, wenn das Fahrzeug lediglich geschoben wird.

Grundsätzlich macht sich nur der Fahrzeuglenker wegen einer Trunkenheitsfahrt strafbar.

Ausnahmsweise kann es jedoch auch den Beifahrer treffen, wenn er in das Führen des Kraftfahrzeuges eingreift, d. h. z. B. das Fahrzeug zielbestimmt lenkt.

Beispiel *A und B kommen nach einem fröhlichen Gaststättenaufenthalt angetrunken zum PKW des A, der sich entschließt, den B mit dem eigenen PKW nach Hause zu fahren. Auf der Fahrt erkennt B, dass A nun derartig betrunken ist, dass er den Wagen nicht mehr auf der Straße halten kann. B greift in das Lenkrad und versucht, den Wagen auf der Straße zu halten. In diesem Fall haben sich beide einer Trunkenheitsfahrt strafbar gemacht.*

Die Fahruntüchtigkeit

Eine Verurteilung erfolgt nur dann, wenn festgestellt worden ist, dass der Fahrer fahruntüchtig war. Bei der Fahruntüchtigkeit wird vom Gesetz differenziert zwischen der relativen und der absoluten Fahruntüchtigkeit.

Absolute Fahruntüchtigkeit

Absolut fahruntüchtig ist jeder Kraftfahrer, der einen Blutalkoholgehalt von 1,1 Promille oder mehr aufweist.

Es genügt hierzu, wenn der Fahrer zur Tatzeit so viel Alkohol im Blut hatte, dass der Blutalkohol zu irgendeiner Zeit nach Beendigung der Fahrt auf diesen Grenzwert oder darüber ansteigt. Sobald dieser Grenzwert erreicht oder überschritten ist, ist ein Gegenbeweis dahingehend, dass der Täter auch bei diesen Werten fahrtüchtig war, unzulässig. In diesem Zusammenhang spielt es auch keine Rolle mehr, auf eine erhöhte Alkohol- oder eine krankheitsbedingte erhöhte Alkoholtoleranz hinzuweisen.

Der Grenzwert von 1,1 Promille für die absolute Fahruntüchtigkeit gilt jedoch nur für das Führen von Kraftfahrzeugen, d. h. also auch für motorisierte Zweiräder und Mofas.

Bei einem Fahrradfahrer geht man nach neuester Rechtsprechung erst ab einem Wert von 1,6 Promille von einer absoluten Fahruntüchtigkeit aus.

Interessant in diesem Zusammenhang ist die Frage, wie Skateboardfahrer oder Inline-Skater zu behandeln sind. Dies ist in der Rechtsprechung im Moment noch in der Entwicklung.

Relative Fahruntüchtigkeit

Von einer relativen Fahruntüchtigkeit spricht man, wenn der Blutalkoholwert beim Kraftfahrzeugfahrer unter 1,1 Promille, beim Fahrradfahrer unter 1,6 Promille liegt, und konkrete Umstände der Tat daraufhin weisen, dass die Alkoholwirkung zur Fahruntüchtigkeit geführt hat.

Ähnliches gilt für andere Rauschmittel wie z. B. Cannabisprodukte (Haschisch und Marihuana), Heroin, Kokain, Amphetamin, Morphin, LSD, Opium u. a.

Auch hier muss zur Feststellung der relativen Fahruntüchtigkeit neben der Rauschmittelkonzentration ein Umstand hinzutreten, der beweist, dass der Fahrzeugführer nicht mehr in der Lage war, sein Fahrzeug sicher im Straßenverkehr zu führen.

Je niedriger die Blutalkoholkonzentration zum Zeitpunkt der Tat war, desto gewichtiger müssen die Beweisanzeichen für die Unsicherheit des Fahrzeugfahrers sein.

Ab welchem Blutalkoholgehalt läuft man Gefahr, relativ fahruntüchtig zu sein?

Ab einem Blutalkoholwert von 0,3 Promille beginnt nach allgemeiner Auffassung der Bereich der relativen Fahrunsicherheit.

Neben dem Grad der Alkoholisierung müssen zur Feststellung relativer Fahrunsicherheit alkoholbedingte Ausfallerscheinungen hinzukommen.

Dies können z. B. sein eine sorglose, leichtsinnige Fahrweise, körperliche Ausfallerscheinungen wie Lallen, Torkeln etc., oder das Fahren in Schlangenlinien.

Aber auch das unbesonnene, unbeherrschte und kritiklose Verhalten – oft auch – Pöbeln gegenüber kontrollierenden Polizeibeamten wird als ein auffälliges Zeichen für relative Fahruntüchtigkeit gewertet.

Sie werden jetzt sicherlich anmerken, dass solches Verhalten doch nichts mit Ihrer tatsächlichen Fahrsicherheit zu tun hat, und dass Sie damit im schlimmsten Falle der Willkür der Polizeibeamten ausgesetzt sein können. Es hilft hier nicht zu lamentieren, bedenken Sie die Folgen. Sie sollten auch unbedingt gegenüber Polizeibeamten von dem Argument ablassen, Sie seien in der Lage, selbst unter Alkoholeinfluss sicherer zu fahren als manch anderer. Bei derlei Argumentation dürfen Sie nicht mit einer Nachsicht der Fahrerlaubnisbehörde rechnen, die Ihre Alkoholgewöhnung überprüfen will. Dies erfolgt im Zweifel dann mit der Medizinischen-Psychologischen Untersuchung, im Volksmund kurz „Idiotentest" genannt.

Kurz zusammengefasst geht man immer von einer (ursächlichen) Alkoholeinwirkung aus, wenn das Fahrverhalten des alkoholisierten Fahrzeuglenkers abweicht von dem eines nüchternen Verkehrsteilnehmers.

Relative Fahruntüchtigkeit bei Drogen und Medikamentenkonsum

Bei Drogen oder Medikamentenkonsum sind bislang noch keine Grenzwerte aufgestellt worden.

Wird der Konsum nachgewiesen, so bedarf es einer Bewertung bestimmter Indizien und Anzeichen der Person und des Fahrverhaltens, die auf eine Fahrunsicherheit hindeuten können.

Neben den Besonderheiten im Fahrverhalten, wie dem Fahren in Schlangenlinien, Rotlichtverstößen, Verursachen eines Verkehrsunfalls, Missachten bzw. zu spätes Befolgen von polizeilichen Anordnungen, werden bei Polizeikontrollen auch immer wieder die Stimmung und die Mimik des Fahrers bewertet.

Weitere Kriterien für die Beurteilung einer Drogenbeeinflussung sind der Gedankenablauf des Fahrzeugführers, das Auftauchen von Konzentrationsmängeln oder aber auch die Feststellung, dass unsinnige Angaben gemacht wurden.

Des Weiteren wird auch überprüft, ob ein Mangel des Zeitempfindens vorliegt, ob der Kontrollierte verwirrt oder desorientiert erscheint, oder aber, ob Anordnungen durch die Polizeibeamten mehrfach wiederholt werden müssen.

Beim äußeren Erscheinungsbild wird bewertet, wie der Bewegungsablauf stattfindet, ob z. B. Gleichgewichtsstörungen vorliegen. Die Augen werden dahingehend kontrolliert, ob diese gerötet sind und ob eine Pupillenerweiterung feststellbar ist.

Die subjektive Seite der Tat

Sie können wegen einer Trunkenheitsfahrt natürlich nur dann verurteilt werden, wenn Ihnen fahrlässiges oder vorsätzliches Handeln vorgeworfen werden kann.

Fahrlässigkeit

Wegen einer fahrlässigen Trunkenheitsfahrt werden Sie dann verurteilt, wenn Sie sich unbewusst irrig für fahrtüchtig gehalten haben. Das ist meist dann der Fall, wenn Sie nach Genuss von geringen Mengen Alkohol immer noch glauben, ein Kraftfahrzeug führen zu können, ohne in irgendeiner Art und Weise beeinträchtigt zu sein.

Sollten Sie Medikamente zu sich genommen haben und diese im Zusammenhang mit Alkohol eine stark beeinträchtige Wirkung hervorrufen, so mutet Ihnen das Gesetz zu, vorab die Gebrauchsanweisung der Medikamente zu lesen und sich darüber zu vergewissern, wie die Wirkung ist.

Oftmals haben Verkehrsteilnehmer vor Gericht ausgesagt, sie hätten nicht mitbekommen, dass sie Alkohol getrunken haben, da ein Bekannter ihnen unbemerkt Alkohol ins Glas geschüttet habe.

Den Autoren ist kein einziger Fall bekannt, dass ein Richter einem derartigen Argument gefolgt ist.

Auch das Argument, man sei durch Wachmacher, wie Kaffee oder anderes, wieder fahrtüchtig geworden, zieht nicht.

Gerade in Verkennung dieser Umstände, die zur Fahruntüchtigkeit führen, liegt das fahrlässige Handeln.

Vorsatz

In Strafverfahren ist es oft ein Streitpunkt, ob die Trunkenheitsfahrt doch vorsätzlich begangen wurde. Im Einzelfall ist dies nicht einfach zu beurteilen.

Um vorsätzlich zu handeln, bedarf es jedenfalls nicht der Kenntnis des Täters der absoluten Blutalkoholkonzentrationsgrenze von 1,1 Promille oder des Bewusstseins ihrer Überschreitung.

Allerdings kann aus der Höhe der Blutalkoholkonzentration allein nicht schon auf vorsätzliches Handeln geschlossen werden. Jedoch liegt bei einer Blutalkoholkonzentration von über 1,1 Promille ein zumindest bedingter Vorsatz (d. h. der Täter nimmt die Alkoholfahrt in Kauf und findet sich damit ab) nahe, vor allen Dingen dann, wenn der Täter schon einmal wegen einer entsprechenden Tat bestraft worden ist.

Auch liegt vorsätzliches Handeln dann nahe, wenn der Täter z. B. auf Schleichwegen die Nachhausefahrt antritt.

Auf der anderen Seite muss man davon ausgehen, dass vorsätzliches Handeln nicht schon dann vorliegt, wenn der Täter besonderst auffällig sein Kraftfahrzeug führt, d.h. Schlangenlinien fährt etc.

Auch die Weigerung gegenüber der Polizei, die Blutalkoholkonzentration festzustellen zu lassen, ist kein Hinweis darauf, dass der Täter vorsätzlich gehandelt hat.

Im Grunde ist eine Unterscheidung hier derart schwierig, dass Sie die weitere Argumentation Ihrem Anwalt überlassen sollten.

Verminderte Schuldfähigkeit

Bei einer Blutalkoholkonzentration von über 2,0 Promille muss das Gericht stets die Frage überprüfen, ob beim Fahrzeuglenker verminderte Schuldfähigkeit besteht.

Danach kann die Strafe entsprechend gemildert werden, wenn die Fähigkeit des Täters, das Unrecht der Tat einzusehen oder nach dieser Einsicht zu handeln, gemindert war.

Dies bedeutet allerdings nicht, dass das Gericht, selbst wenn es eine verminderte Schuldfähigkeit annimmt, gezwungen ist, die Strafe so zu mildern, dass die Sperrfrist für die Wiedererteilung der Fahrerlaubnis zu kürzen ist.

Haben Sie über 2,0 Promille Blutalkoholkonzentration vertragen, geht die Fahrerlaubnisbehörde nach dem Strafverfahren davon aus, dass Sie ungeeignet sind, ein Kraftfahrzeug im Straßenverkehr zu führen.

Das bedeutet, selbst wenn das Gericht die Sperrfrist z.B. nur ein oder eineinhalb Jahre bemisst, dass Sie nach diesem Zeitpunkt den Führerschein nicht wieder erhalten, ohne dass Sie dem Landratsamt bzw. der Fahrerlaubnisbehörde Ihre Fahreignung nachweisen.

In der Regel gelingt dies nur mit einer Medizinisch-Psychologischen Untersuchung und dem Nachweis, dass Sie im vergangenen Jahr die regelmäßigen Sitzungen der anonymen Alkoholiker besucht haben.

Schuldunfähgkeit

Ab einem Wert von 3,0 Promille muss das Gericht prüfen, ob der Angeklagte nicht vielleicht auch schuldunfähig war.

Die Feststellung der Schuldunfähigkeit bedeutet in der Regel, dass der Angeklagte wegen dieser Tat nicht bestraft werden kann. Dies hat allerdings nicht gleichzeitig zur Folge, dass der Angeklagte insgesamt freigesprochen werden muss. Vielmehr kann ein derartiger Angeklagter wegen eines Vollrausches bestraft werden. Doch dazu später mehr.

Die Feststellung der Blutalkoholkonzentration

Der Blutalkoholwert wird maßgeblich dadurch beeinflusst, wie schwer Sie sind, wie viel Alkohol Sie genossen haben und in welchem Zeitraum die Alkoholaufnahme erfolgte.

Um den Wert der Blutalkoholkonzentration nun feststellen zu können, bedarf es einer Blutprobe. Meist können diese Blutproben beim Fahrer nicht unmittelbar nach der Trunkenheitsfahrt vorgenommen werden, sondern erst einige Zeit später.

In dieser Zeitspanne kann jedoch ein Abbau des Alkohols im Körper stattgefunden haben.

Entscheidend für das Strafverfahren ist allerdings, welche Blutalkoholkonzentration zur Tatzeit vorlag.

Es muss also nun berechnet werden, um welchen Wert der Blutalkoholgehalt zwischen Tatzeit und Blutentnahme abgebaut wurde.

Dabei wird von den Gerichten ein stündlicher Abbauwert von 0,1 Promille zugrunde gelegt, wobei die ersten beiden Stunden nach Trinkende bei einem normalen Trinkverlauf grundsätzlich nicht hochgerechnet werden. In diesem Zusammenhang ist allerdings anzumerken, dass der wirkliche stündliche Abbauwert nach wissenschaftlichen Erkenntnissen im Allgemeinen höher als 0,1 Promille ist.

Beispiel *Berthold Biertrunk trinkt bis 19:00 Uhr Alkohol in einer Gaststätte und fährt unmittelbar danach mit seinem Pkw über öffentliche Straßen zu seiner nur wenige Kilometer entfernt gelegenen Wohnung. Bei ihm kann die Blutprobe erst um 23:00 Uhr entnommen werden, ohne dass Berthold Biertrunk nach Fahrtende und seiner Ankunft zu Hause noch weiteren Alkohol zu sich genommen hat. Bei der um 23:00 Uhr entnommenen Blutprobe konnte eine BAK von 1,0 Promille festgestellt werden. Da die ersten beiden Stunden nach Trinkende (also von 19:00 bis 21:00 Uhr) nicht mitgerechnet werden dürfen, kann hier lediglich mit den noch verbleibenden 2 Stunden bis zur Blutentnahme (von 21:00 Uhr bis 23:00 Uhr) hochgerechnet werden. Dies bedeutet, das zu dem durch die Blutprobe festgestellten Wert von 1,0 Promille weitere 0,2 Promille (2 Std. x 0,1 Promille) hinzuzurechnen sind, so dass hier bei Berthold Biertrunk von einer Tatzeit-BAK um 19:00 Uhr von 1,2 Promille auszugehen ist.*

Bei der Frage der Schuldfähigkeit geht man dagegen von einem Abbauwert von 0,2 Promille stündlich aus. Dies, um – für den Beschuldigten günstig – die maximale Blutalkoholkonzentration zur Tatzeit zu ermitteln.

Nachtrunk

Der Nachtrunk scheint demjenigen, der um seinen Führerschein bangt, oft der letzte Rettungsanker.

Beispiel *Berthold Biertrunk ist sturzbetrunken in seinem PKW eingeschlafen. Um 2:00 Uhr nachts wird er von der Polizeistreife aufgegriffen und zu seinem Zustand befragt. Berthold Biertrunk erklärt, er habe am Abend vorher mit seiner Frau einen erheblichen Streit gehabt und sich eine Flasche Schnaps geschnappt und sei mit dem Wagen an den Ort gefahren, an dem er jetzt stehe.*

Im Wagen sitzend habe er dann von 10:00 Uhr abends bis etwa 1:00 Uhr die Flasche ausgetrunken und sei deshalb in vorgefundenem alkoholisiertem Zustand.

Wäre diese Behauptung wahr, so könnte Berthold Biertrunk nicht wegen einer fahrlässigen oder vorsätzlichen Trunkenheitsfahrt verurteilt werden.

Allerdings haben die Strafverfolgungsbehörden hier einige Hilfsmethoden, um nachzuweisen, ob das, was Bertold Biertrunk behauptet hat, wahr ist oder nicht.

Zunächst werden zwei Blutproben und diese in einem Abstand von einer halben Stunde entnommen. Sollte die Behauptung von Berthold Biertrunk wahr sein, so müsste dieser nun einen Blutalkoholwert aufweisen, der maximal 0,2 Promille niedriger ist als der Wert, den er durch eine Flasche getrunkenem Schnaps aufweist.

Beispiel *Nach dem Leeren der Flasche Schnaps hätte Bertold Biertrunk einen Promillewert von 2,0 Promille. Hätte er um 1:00 Uhr nachts aufgehört zu trinken – die Polizei steht um 2:00 Uhr nachts vor ihm –, hätte er noch einen Wert von 1,8 Promille. Hat Bertold Biertrunk allerdings einen Wert von 1,0 Promille, so ist klar, dass das, was er behauptet hat, falsch ist.*

Das andere Mittel, mit dem die Staatsanwaltschaft überprüfen kann, ob die Behauptung von Bertold Biertrunk wahr ist, ist eine sog. Begleitstoffanalyse.

Damit wird geprüft, welche Art von Alkohol Berthold Biertrunk im Blut hatte.

Stellt sich nunmehr heraus, dass Bertold Biertrunk keinerlei Begleitstoffe im Blut hat, die auf einen Schnapsgenuss hinweisen, sondern vielmehr ausschließlich für Bierkonsum typisch sind, so ist die Behauptung von Bertold Biertrunk den Nachtrunk betreffend widerlegt.

Sollten Sie sich auf Nachtrunk berufen, sollten Sie Ihre Aussage immer über einen Anwalt machen.

Fehlt eine Blutalkoholuntersuchung und liegt lediglich ein Atemalkoholmesswert vor, so darf dieser im Strafverfahren nicht als Nachweis einer bestimmten Blutalkoholkonzentration verwendet werden. Es kann dann nur noch zu einer Verurteilung kommen, wenn erhebliche andere Beweisanzeichen, z. B. Zeugenaussagen über den genossenen Alkohol etc., vorliegen.

Im Bußgeldverfahren hingegen ist dies anders.

Nothilfe

Oftmals versucht ein Fahrer sich auch damit herauszureden, dass er wegen einer bestimmten Notlage gezwungen gewesen sei, alkoholisiert ein Kraftfahrzeug zu führen.

Beispiel *Der Arzt erklärt, er sei deshalb gezwungen gewesen, sein Kraftfahrzeug unter Alkoholeinfluss zu lenken, weil er zu einem schwer kranken Patienten habe fahren müssen. Dieses Argument wird die Staatsanwaltschaft in der Regel nicht gelten lassen, da der Arzt sich entweder mit einem Taxi hätte fahren lassen können oder aber er einen anderen Kollegen hätte um Hilfe rufen müssen. Gleiches gilt beim Feuerwehrmann oder ähnlichen Berufen.*

Vorstellbar ist eine Nothilfesituation eventuell bei folgendem Fall.

Beispiel *Urlaub in einer abgelegenen Gegend. Gustav und Gerlinde Glück haben an ihrem 20. Hochzeitstag alleine ein Fläschchen Hochprozentiges getrunken, als Gerlinde Glück von einem Insekt gestochen wird und einen allergischen Schock erleidet.*
Das Leben seiner geliebten Gattin kann Gustav Glück – der kein Mobiltelefon dabei hat – nur damit retten, dass er sich in betrunkenem Zustand in den PKW setzt und sie in die nächste Siedlung fährt.

Für diesen Fall müsste man wohl davon ausgehen, dass die Tat nicht rechtswidrig begangen ist, da eine Notsituation vorgelegen hat und Gustav Glück nicht mit den Folgen des Führerscheinentzuges oder Bestrafung rechnen muss.

Sollte jedoch Gustav Glück einen höheren Promillewert als 1,6 aufweisen und würde dieser Umstand den Führerscheinbehörden kenntlich gemacht, müsste sich Gustav Glück darauf gefasst machen, eine Medizinisch-Psychologische Untersuchung über sich ergehen zu lassen, in dessen Rahmen er nachzuweisen hat, dass er kein Alkoholproblem hat. Die Führerscheinbehörden gehen nämlich bei solch hohen Promillewerten davon aus, dass ein Alkoholproblem vorliegt.

Strafbarkeit weiterer Personen

Grundsätzlich kann die Trunkenheitsfahrt nur von dem begangen werden, der selbst das Fahrzeug in trunkenem Zustand führt.

In Ausnahmefällen ist allerdings auch eine Strafbarkeit anderer Personen denkbar.

Beispiele *Die überaus hübsche und attraktive Anabell Anstand will unbedingt noch auf eine Promiparty. Stefan Stillos, von dem Sie wenig hält, der ihr aber stets zu Diensten ist, hat an diesem Abend bereits einige Bierchen gezecht. Dies weiß Anabell Anstand, ignoriert dies allerdings, da sie ihren Wunsch, auf die Promiparty zu kommen, ohne ein Entgelt für ein Taxi bezahlen zu müssen, höher einstuft. Sie überredet den nunmehr betrunkenen Stefan Stillos, der sodann ins Auto steigt und losfährt. Hier kommt eine Strafbarkeit von Anabell Anstand wegen Anstiftung zur Trunkenheitsfahrt in Frage.*

Gestattet der Beifahrer Gernot Gemütlich dem Fahrer Gerd Bleifuß, während der Fahrt Bier oder Schnaps zu trinken und fördert dies noch, indem er ihm die Flasche öffnet, macht auch dieser sich wegen Beihilfe strafbar.

Der Gastwirt Adolf Ausschank schenkt dem Gast Sven Skrupellos, der sich kaum noch auf den Beinen halten kann, ein letztes Bier ein. Dieser erklärt daraufhin lallend, er würde nach dem Bierchen in sein Auto steigen, um nach Hause zu fahren. Auf dem Tresen liegen die Autoschlüssel, die unser Wirt nicht an sich nimmt.

Auch wenn die Abgrenzung, was jemand zu tun verpflichtet ist, um einen Dritten von einer Trunkenheitsfahrt abzuhalten oder diese nicht zu fördern, auf den ersten Blick schwierig erscheint, so ist sie doch letztlich einfach.

Man verlasse sich nur auf den gesunden Menschenverstand und handele so, wie man es von einem verantwortungsvollen Mitbürger erwarten würde. Damit ist man auf jeden Fall auf der richtigen Seite.

Gefährdung des Straßenverkehrs

Bei dem Straftatbestand der Gefährdung des Straßenverkehrs (§ 315c StGB) handelt es sich um das vielleicht bedeutsamste Delikt des Straßenverkehrsrechts.

Der Tatbestand ist dann erfüllt, wenn der Fahrzeugführer entweder
1. in fahruntüchtigem Zustand ein Fahrzeug führt oder
2. grob verkehrswidrig und rücksichtslos einen der im Gesetz aufgeführten, besonders gefährlichen Verkehrsverstöße (sog. „Sieben Todsünden" im Straßenverkehr) begeht

und dadurch Leib und Leben einer anderen Person oder fremde Sachen von bedeutendem Wert gefährdet.

Diese Straftat kann vorsätzlich oder fahrlässig begangen werden, auch mit nicht motorisierten Fahrzeugen, wie z. B. Fahrrädern.

Die Fahruntüchtigkeit kann dabei nicht nur auf Alkohol- oder Drogeneinwirkung beruhen, sondern ihren Grund auch in geistigen oder körperlichen Mängeln des Fahrers haben. Derartige Mängel können beispielsweise sein: Fahren trotz hohen Fiebers und starker Schmerzen, Fahren ohne die von Ihnen benötigte Fahrbrille oder unter Medikamenteneinwirkung, Farbenblindheit oder Anfallsleiden wie Epilepsie etc.

Doch Vorsicht! Auch ohne Alkohol- oder Drogenkonsum, Medikamenteneinwirkung oder Krankheit kann eine Strafbarkeit drohen.

Beispiel *Siegfried Schläfrig hat den ganzen Tag hart malocht und ist anschließend auf der After-Work-Party versumpft. Zwar hat er, weil er mit dem Auto unterwegs ist, keinen Tropfen Alkohol getrunken, ist jedoch völlig übermüdet, als er morgens um 5:00 Uhr nach Hause fährt. Wegen „Sekundenschlafs" gerät er auf der Heimfahrt auf die Gegenfahrbahn und kracht dort gegen ein entgegenkommendes Fahrzeug. Sein Pflichtverstoß besteht darin, dass er bei Erkennen deutlicher Anzeichen einer Übermüdung die Fahrt hätte rechtzeitig unterbrechen müssen (was auch für lange Fahrstrecken, insbesondere auch bei Berufskraftfahrern gilt). Fährt er dennoch weiter und schläft am Steuer ein, und gefährdet er dabei Dritte oder werthaltige Sachen, kann ihm dies zum strafrechtlichen Vorwurf gemacht werden.*

Sieben Todsünden im Straßenverkehr

Abgesehen von den bereits genannten Fällen kann der Tatbestand der Gefährdung des Straßenverkehrs auch durch folgende Handlungen des Täters, die man als die „Sieben Todsünden im Straßenverkehr" bezeichnet, begangen werden:

- Nichtbeachten der Vorfahrt,
- falsches Überholen oder sonst falsches Fahren bei Überholvorgängen,
- falsches Fahren an Fußgängerüberwegen,
- zu schnelles Fahren an unübersichtlichen Stellen, an Straßenkreuzungen, Straßeneinmündungen oder Bahnübergängen,

- Nichteinhalten der rechten Seite der Fahrbahn an unübersichtlichen Stellen,
- Wenden, Rückwärtsfahren oder Fahren entgegen der Fahrtrichtung auf Autobahnen oder Kraftfahrtstraßen oder der Versuch dieser Taten,
- nicht auf ausreichende Entfernung Kenntlichmachen haltender oder liegen gebliebener Fahrzeuge, obwohl das zur Sicherung des Verkehrs erforderlich ist.

Auf den ersten Blick betrachtet sind diese Verkehrsverstöße zunächst bloße Ordnungswidrigkeiten. Damit Sie sich wegen Straßenverkehrsgefährdung strafbar machen können, müssen Sie diese Handlungen grob verkehrswidrig und rücksichtslos begehen.

Unter grob verkehrswidrig wird ein besonders schwerer Verstoß gegen eine Verkehrsvorschrift verstanden. Rücksichtslos handelt nach juristischer Definition, wer sich aus eigensüchtigen Gründen über seine Pflichten gegenüber anderen Verkehrsteilnehmern hinweggesetzt oder aus Gleichgültigkeit von vorneherein keine Bedenken gegen sein Verhalten aufkommen lässt und unbekümmert drauf los fährt.

Beispiel *Wenn Sie es also besonders eilig haben und dabei als Kolonnenspringer todesmutige Überholmanöver riskieren und dabei andere Menschen oder Sachen gefährden, handeln Sie rücksichtslos im Sinne dieser Vorschrift. Beruht Ihr Verhalten dagegen lediglich auf Gedankenlosigkeit oder auf Unaufmerksamkeit oder sonstigem menschlichem Versagen, kommen Sie mit einer Ordnungswidrigkeit davon.*

Da es sich bei dieser Vorschrift um ein sog. „konkretes Gefährdungsdelikt" handelt, braucht ein Personen- oder Sachschaden noch nicht eingetreten sein. Vielmehr darf es letztlich nur vom Zufall abhängig gewesen sein, dass es zu keinem Schaden gekommen ist, weil es dem Gefährdeten beispielsweise gerade noch gelungen ist, rechtzeitig zu bremsen oder auszuweichen. Es muss also zu einem „Beinahe-Unfall" gekommen sein, nach dem Moto „Gerade noch einmal gut gegangen".

Bedeutender Wert
Wann hat eine Sache aber einen bedeutenden Wert? Die Wertgrenze, die nachher noch beim Führerscheinentzug eine wesentliche Rolle spielt, liegt nach derzeitiger Rechtsprechung bei ca. 1.300 EUR.

Auf zwei in der Praxis wichtige Umstände wollen wir in diesem Zusammenhang noch hinweisen.

Hat der Fahrer nur das von ihm selbst gefahrene Auto beschädigt, obwohl es nicht sein eigenes Fahrzeug war, macht er sich jedenfalls nach herrschender Ansicht nicht einer Straßenverkehrsgefährdung schuldig. Dies soll selbst dann gelten, wenn das Fahrzeug vom Täter zuvor gestohlen oder geraubt wurde und damit gegen den Willen des Berechtigten benutzt worden ist.

Wurde lediglich der Mitfahrer gefährdet, kann dies den Fahrer allerdings nicht vor Strafe schützen. Selbst wenn der mitfahrende Kumpel bemerkt hat, dass der Fahrer betrunken war und ihm klar war, dass dieser üblicherweise zu einer riskanten Fahrweise neigt und damit mit einer eventuellen Gefährdung einverstanden war, nützt dies dem Fahrer nichts. Über die Verkehrssicherheit darf der Einzelne nämlich nicht verfügen. In diesen Fällen kann sich ein Mitverschulden des gefährdeten oder verletzten Mitfahrers oder eine Einwilligung zu dieser Fahrt allenfalls günstig bei der Strafzumessung für den Täter auswirken.

Unerlaubtes Entfernen vom Unfallort

Ein weiteres in der Praxis wichtiges Straßenverkehrsdelikt, bei dem die Entziehung der Fahrerlaubnis oder ein Fahrverbot in Betracht kommen, ist das unerlaubte Entfernen vom Unfallort (§ 142 StGB), gemeinhin auch als Unfall- oder Fahrerflucht bezeichnet.

Diese Vorschrift hat folgenden Wortlaut:

„Ein Unfallbeteiligter, der sich nach einem Unfall im Straßenverkehr vom Unfallort entfernt, bevor er

1. *zugunsten der anderen Unfallbeteiligten und der Geschädigten die Feststellung seiner Person, seines Fahrzeugs und der Art seiner Beteiligung durch seine Anwesenheit und durch die Angabe, dass er an dem Unfall beteiligt ist, ermöglicht hat oder*
2. *eine nach den Umständen angemessene Zeit gewartet hat, ohne dass jemand bereit war, die Feststellungen zu treffen,*

wird mit Freiheitsstrafe bis zu 3 Jahren oder Geldstrafe bestraft."

Darüber hinaus wird nach Absatz 2 dieser Strafvorschrift ein Unfallbeteiligter auch bestraft, der sich

1. *nach Ablauf der vorgenannten Wartefrist oder*
2. *berechtigt oder entschuldigt vom Unfallort entfernt hat und die Feststellungen nicht unverzüglich nachträglich ermöglicht.*

Um diesen Tatbestand richtig verstehen zu können, müssen wir uns zunächst fragen, wer oder was mit dieser Vorschrift eigentlich geschützt werden soll. Nach überwiegender Auffassung geht es allein darum, dem Geschädigten eines Unfalls die Durchsetzung seiner Schadensersatzansprüche zu ermöglichen. Dazu muss er natürlich den Namen, aber auch die sonstigen wichtigen Daten kennen, die er für die Durchsetzung eines Schadensersatzanspruchs braucht. Er will ja nicht auf seinem eigenen Schaden sitzen bleiben. Es ist also nicht Zweck dieser Vorschrift, eine Strafverfolgung zu ermöglichen.

Wer dem äußeren Anschein nach zum Unfallgeschehen beigetragen haben kann, unabhängig davon, ob er diesen Unfall tatsächlich mitverursacht oder mitverschuldet hat, gilt als Unfallbeteiligter.

Zusammentreffen mit Alkohol

Grund für eine Verkehrsunfallflucht ist in vielen Fällen eine erhebliche Alkoholisierung des Fahrers oder zumindest das schlechte Gewissen, möglicherweise doch zu viel getrunken zu haben.

Welche Rolle spielt der Alkohol bei der Verpflichtung, an der Unfallstelle zu verbleiben? Kann ein Unfallbeteiligter, der ansonsten alle erforderlichen Feststellungen, insbesondere zu seiner Person und zu seinem Fahrzeug gemacht hat, überhaupt noch eine Unfallflucht begehen, wenn er sich in solch einem Fall aus dem Staub macht?

Die juristische Standardantwort lautet hier wie auch in vielen anderen Fällen: Es kommt darauf an!

Zur Feststellung einer etwaigen alkoholischen Beeinflussung braucht der Betroffene nur dann zu warten, wenn eine Alkoholeinwirkung bei der Frage der zivilrechtlichen Haftung überhaupt eine Rolle spielen kann. Hat der Beschuldigte ansonsten alle notwendigen Feststellungen ermöglicht, seine Alleinschuld eingeräumt und sich zur Leistung von Schadensersatz bereit erklärt, so dass auch eine etwaige Mithaftung des anderen Verkehrsteilnehmers entfällt, begeht der Fahrer keine Unfallflucht, wenn er sich gegen den Wunsch des Geschädigten vom Unfallort entfernt.

Was ist überhaupt ein Unfall?

Ein Unfall ist ein plötzliches Ereignis im Straßenverkehr, das zu einem typischen Schaden führt und bei dem dadurch unmittelbar ein nicht völlig belangloser Personen- oder Sachschaden eintritt. Wann kein Unfall im Sinne dieser Vorschrift vorliegt, soll Folgendes verdeutlichen:

Beispiel *Susi Sorglos kommt mit Ihrem neuen Cabrio bei der Suche nach Zigaretten im Handschuhfach von der Fahrbahn ab und durchquert dabei Oma Friedas Blumenbeet, so dass diesem Ausritt fünf Vergissmeinnicht im Gesamtwert von 8,95 EUR zum Opfer fallen. Wenn sie sich jetzt davon macht, kann sie keine Unfallflucht begehen.*

Ein völlig belangloser Schaden, der nicht unter den Tatbestand fällt, wird nämlich dann angenommen, wenn üblicherweise nicht mit der Geltendmachung von Schadensersatzansprüchen zu rechnen ist. Die entsprechende Wertgrenze wird derzeit bei ca. 25 EUR angesetzt.

Ebenfalls kein Unfall im Sinne dieser Vorschrift wäre beispielsweise ein vorgetäuschter Verkehrsunfall, bei dem alle Beteiligten bewusst zusammenwirken, um anschließend die Kfz-Haftpflichtversicherung zu betrügen.

Was muss ich als Unfallbeteiligter tun?
Welche gesetzlichen Verpflichtungen haben Sie nun als Unfallbeteiligter? Zunächst einmal nur am Unfallort anwesend zu bleiben, die sogenannte „passive Feststellungsduldungspflicht". Aktiv an der Aufklärung des Unfalls mitwirken müssen Sie allerdings nicht. Ebenso wenig müssen Sie sich selbst bezichtigen. Insbesondere wird von Ihnen auch nicht erwartet, sich zur Verschuldensfrage zu äußern oder Ihre Fahrereigenschaft einzugestehen, wenn z. B. mehrere Fahrzeuginsassen als Fahrer in Betracht kommen.

Ihrer „Vorstellungspflicht" genügen Sie als Unfallbeteiligter allein durch Ihr Anwesendbleiben am Unfallort und durch die Angabe, unfallbeteiligt zu sein. Letzteres müssen Sie jedoch unaufgefordert und von sich aus machen. Wer als Unfallbeteiligter bloß am Unfallort herumsteht und (bewusst) den Eindruck erweckt, als ob ihn das Unfallgeschehen persönlich eigentlich gar nichts angehe, erfüllt seine Verpflichtungen natürlich nicht.

Gegenüber Privatpersonen brauchen Sie als Unfallbeteiligter Ihre Personalien grundsätzlich nicht anzugeben. Verweigern Sie jedoch trotz entsprechender Aufforderung diese Angaben, dürfen Sie sich aber nicht ohne Einverständnis des Geschädigten vom Unfallort entfernen. Dies gilt selbst dann, wenn Sie persönlich der Auffassung sein sollten, den Unfall nicht verschuldet zu haben.

Entgegen einer landläufigen Ansicht ist ein Kraftfahrer also nicht verpflichtet, einer Privatperson seinen Führerschein oder Kraftfahrzeugschein vorzulegen oder Angaben zu seiner Haftpflichtversicherung zu machen.

In den nicht ganz seltenen Fällen, bei denen unmittelbar am Unfallort keine Tatzeugen oder mögliche Geschädigte vorhanden sind, muss ein Unfallbeteiligter eine bestimmte Wartefrist abwarten, bevor er sich berechtigt von der Unfallstelle entfernen darf. Allgemein gültige Regeln, wie lange diese Wartefrist zu sein hat, bestehen nicht.

Wie lange muss ich warten?
Die Frage, wie lange zu warten ist, hängt nach den Vorgaben der Rechtsprechung maßgeblich von der Art des Schadens ab. Bei erheblichen Personenschäden oder gar Tod eines anderen Unfallbeteiligten wird eine weitaus längere Wartezeit gefordert als bei lediglich geringfügigen Sachschäden. Im letzteren Fall reichen teilweise nur wenige Minuten aus. Leitlinien lassen sich kaum aufstellen. Auch Erfahrungen, dass etwa bei geringfügigen Schäden bis 250 EUR in der Regel 10 bis 15 Minuten und bei etwas höheren Schäden auch 20 Minuten als ausreichend angesehen wurden, sind mit Vorsicht zu genießen.

Das Hinterlassen eines Zettels mit Namen und Anschrift des Unfallverursachers oder einer Visitenkarte reicht als Entschuldigung nicht aus, um vor Ablauf der Wartefrist den Unfallort verlassen zu dürfen. Ein Unfallbeteiligter muss in der Regel sogar auch dann warten, wenn mit einem baldigen Erscheinen von Feststellungsinteressenten nicht zu rechnen ist.

Grundsätzlich hängt die Wartefrist von den Unfallumständen und der Unfallzeit ab, insbesondere vom Unfallort, der Tageszeit, der Witterung und der Verkehrsdichte.

Beispiel *Wer morgens um 4:00 Uhr bei dichtem Schneetreiben in einem abgelegenen Waldstück den Gartenzaun eines Schrebergartens umgemäht hat, braucht nicht längere Zeit darauf zu warten, dass der Hobbygärtner womöglich noch zu morgendlicher Stunde seinen Garten besucht.*

Wer sich nach Ablauf der Wartefrist – und damit zunächst straflos – von der Unfallstelle entfernt hat, weil sich ein Feststellungsinteressent nicht eingefunden hatte, muss jedoch in der Folge unverzüglich die erforderlichen Feststellungen ermöglichen. Gleiches gilt für diejenigen Fahrer, die berechtigt oder entschuldigt den Unfallort verlassen haben. Berechtigt entfernt sich ein Unfallbeteiligter insbesondere dann, wenn er eine verletzte Person ins Krankenhaus gebracht hat oder wenn er seine eigenen Verletzungen versorgen lassen musste.

Wird der Unfallort jedoch nur verlassen, um dringende geschäftliche Angelegenheiten zu erledigen, kann dies in der Regel nicht als ein berechtigtes Entfernen anerkannt werden.

Entschuldigt entfernt sich vom Unfallort beispielsweise, wer volltrunken nicht mehr wusste was er tat und damit in schuldunfähigem Zustand die Unfallstelle – zunächst straflos – verlassen hat.

Wann und bei wem muss ich mich nachträglich melden?
Der Begriff unverzüglich bedeutet „ohne jedes vorwerfbare Zögern".

Beispiel *Bei einem nächtlichen Unfall und eindeutiger Haftungslage sollte bei einem erheblichen Sachschaden eine Benachrichtigung am nächsten Morgen zum frühestmöglichen Zeitpunkt erfolgen.*

In welcher Form diese nachträgliche Benachrichtigung zu geschehen hat, ist gesetzlich festgelegt. Danach genügt der Unfallbeteiligte dieser Verpflichtung, wenn er dem Berechtigten oder einer nahe gelegenen Polizeidienststelle mitteilt, dass er an dem Unfall beteiligt gewesen ist. Ferner muss er seine Anschrift, seinen Aufenthalt sowie das Kennzeichen und den Standort seinen Fahrzeugs angeben. Letzteres ist wichtig, damit das Fahrzeug bei Bedarf umgehend untersucht bzw. begutachtet werden kann. Werden diese Feststellungen durch den Unfallbeteiligten absichtlich vereitelt, macht er sich dadurch wieder strafbar.

Vorsatz

Damit ein Täter wegen einer Unfallflucht bestraft werden kann, muss er wissen, dass ein Unfall stattgefunden hat und dass sein Verhalten möglicherweise mitursächlich war. Er muss deshalb erkannt haben, dass er Unfallbeteiligter ist und dass der Schaden nicht ganz unerheblich war.

Hat sich der Täter aber in wesentlichen Punkten geirrt, kann wegen fehlenden Vorsatzes eine Strafbarkeit entfallen. Kann ihm beispielsweise nicht widerlegt werden, dass er der Meinung war, es habe keine Wartepflicht bestanden oder es sei kein Schaden oder lediglich ein absolut unbedeutender Schaden entstanden, so bleibt er wegen eines sogenannten Tatbestandsirrtums straffrei. Dasselbe gilt, wenn er der Auffassung gewesen sein sollte, der Schaden habe ausschließlich ihn selbst betroffen.

Eine zweite Chance?

Was mache ich nun, wenn ich nach einem Unfall unüberlegt einfach abgehauen bin und mir die Sache später Leid tut? Habe ich dann noch eine Möglichkeit, um eine Bestrafung herumzukommen?

Unter bestimmten Voraussetzungen, nämlich im Falle einer sog. „tätigen Reue", kann die Strafe gemildert oder sogar ganz von einer Strafe abgesehen werden, wenn

- es sich um einen Unfall außerhalb des fließenden Verkehrs handelt (insbes. Beschädigungen beim Einparken oder Rangieren auf Parkplätzen, „Parkrempler"),
- dabei ein „nicht bedeutender" Sachschaden verursacht worden ist (die Wertgrenze liegt hier derzeit bei ca. 1.300 EUR) und
- der Täter sich nach Entfernen vom Unfallort binnen 24 Stunden freiwillig bei der Polizei oder dem Geschädigten meldet und die erforderliche Feststellung seiner Personalien etc. ermöglicht.

Ist der Unfall und die Unfallbeteiligung durch polizeiliche Ermittlungen oder durch eine entsprechende Strafanzeige eines Dritten bereits entdeckt, hat man Pech gehabt, da dann trotz freiwilliger Meldung eine Strafmilderungsmöglichkeit ausscheidet. Liegen die Voraussetzungen für eine tätige Reue dagegen vor und sieht das Gericht von einer Strafe ab, so ist der Täter im Urteil wegen des Vergehens des unerlaubten Entfernens vom Unfallort schuldig zu sprechen. In diesem Fall bleibt dem Täter zwar eine Strafe erspart, im Verkehrszentralregister werden hierfür jedoch fünf Punkte eingetragen.

Was passiert mit meinem Führerschein?
Wird eigentlich bei jeder Unfallflucht sofort der Führerschein beschlagnahmt?

Nein! Ob die Strafverfolgungsbehörden und die Gerichte tatsächlich Führerscheinmaßnahmen ergreifen, hängt von der Art und Höhe des Fremdschadens ab. Bei Personenschäden oder bei Schäden über der Wertgrenze von 1.300 EUR wird in der Regel die zunächst vorläufige und später dann endgültige Entziehung der Fahrerlaubnis in Betracht kommen. Bei darunter liegenden Schäden sind, gestaffelt nach der Schadenshöhe, Fahrverbote von einem bis zu drei Monaten zu erwarten. Ist der Fremdschaden nicht allzu hoch, ist bei einer Schadenswiedergutmachung auch eine Verfahrenseinstellung mit oder ohne Geldauflage möglich.

Vollrausch

Beispiel *Berthold Biertrunk ist wie üblich sturzbesoffen. Diesmal schafft er es allerdings, den Fahrzeugschlüssel im Zündschloss seines Autos unterzubringen und in Richtung seiner Lieblingskneipe zu fahren. Bevor Schlimmeres passieren kann, wird er nach wenigen hundert Metern von einer zufällig vorbeikommenden Polizeistreife angehalten. Die anschließende Blutuntersuchung ergibt bei ihm 4 Promille. Eigentlich hat Berthold den Tatbestand einer Trunkenheit im Verkehr verwirklicht. Wegen dieser Straftat kann er allerdings deswegen nicht bestraft werden, weil zu seinen Gunsten nicht aus-*

geschlossen werden kann, dass er zur Tatzeit wegen seines hohen Alkoholpegels schuldunfähig war. Geht er nun völlig straffrei aus? Dies wäre wohl mit unserem Rechtsempfinden nicht ganz vereinbar.

In solchen Fällen kann der Straftatbestand des Vollrausches (§ 323 StGB) zum Zuge kommen, der als Tathandlung zunächst lediglich voraussetzt, dass sich eine Person vorsätzlich oder fahrlässig durch alkoholische Getränke oder andere berauschende Mittel in einen Rausch versetzt. Begeht diese Person im Rauschzustand eine rechtswidrige Tat, wegen der sie nur deswegen nicht bestraft werden kann, weil sie nunmehr in Folge des Rausches schuldunfähig war oder weil dies nicht auszuschließen ist, so kann sie deswegen nach dem Vollrauschtatbestand belangt werden.

Zusammengefasst greift diese Vorschrift als Auffangtatbestand immer dann ein, wenn der Täter den Tatbestand einer rechtswidrigen Tat eigentlich erfüllt hat, allerdings wegen Schuldunfähigkeit dafür nicht bestraft werden kann. Begeht der Täter im vorgenannten Zustand eine Straßenverkehrsgefährdung, eine Trunkenheitsfahrt oder eine Unfallflucht, so kann ihm auch die Fahrerlaubnis entzogen werden.

Weitere Straßenverkehrsdelikte

Nun haben wir bereits mehrere Straftaten angesprochen, bei denen im **Regelfall** ein Fahrerlaubnisentzug oder ein Fahrverbot droht.

Darüber hinaus sind in der strafrechtlichen Praxis noch weitere Straftaten von Bedeutung, die den Führerschein bedrohen können. Diese im Einzelnen näher zu behandeln, würde den Rahmen dieses Leitfadens sprengen. Wir wollen diese Delikte deshalb hier nur kurz ansprechen.

Zu nennen sind dabei insbesondere die Straftatbestände der Nötigung (§ 240 StGB) bei im Straßenverkehr begangenen Taten (dichtes

Auffahren, Drängeln, Verdrängen von der linken Fahrspur) und des vorsätzlichen oder fahrlässigen Fahrens ohne Fahrerlaubnis (§ 21 Straßenverkehrsgesetz).

Gefährlicher Eingriff in den Straßenverkehr

Daneben ist noch erwähnenswert der Tatbestand des gefährlichen Eingriffs in den Straßenverkehr (§ 315b StGB). Im Gegensatz zur Straßenverkehrsgefährdung, die vorschriftswidriges Verhalten von Verkehrsteilnehmern selbst erfasst, sollen hier verkehrsfremde Eingriffe bestraft werden. Solche von außen gegen den Verkehr gerichtete Eingriffe können z. B. das Werfen von Steinen, Gullideckeln, Holzklötzen und anderen Gegenständen auf die Fahrbahn und gegen die Windschutzscheibe eines anderen Fahrzeugs sein, wenn hierdurch Sachen von bedeutendem Wert oder andere Personen konkret gefährdet bzw. Menschen verletzt werden.

Wie gefährlich gerade solche Handlungen sind, die im Extremfall auch die Tötung von Menschen nach sich ziehen können, haben in letzter Zeit einige Aufsehen erregende Fälle deutlich gezeigt.

Strafbar nach dieser Vorschrift kann sich ein Verkehrsteilnehmer auch dann machen, wenn er sein Fahrzeug bewusst verkehrswidrig als Waffe oder Schadenswerkzeug missbraucht, um anderen zu schaden – z. B. durch das gezielte Erfassen eines Menschen mit einem Kraftfahrzeug.

Beispiel *Fährt der notorische Einbrecher Ede Schränker nach einer Diebestour mit seinem Pkw ohne anzuhalten auf eine Polizeisperre zu, und nimmt er dabei eine Verletzung des kontrollierenden Polizeibeamten in Kauf, macht er sich wegen gefährlichen Eingriffs in den Straßenverkehr strafbar.*

Unter den Tatbestand fällt z. B. auch das Provozieren eines Auffahrunfalls durch plötzliches Bremsen, um damit andere zu disziplinieren oder vielleicht einen Versicherungsbetrug zu Lasten der gegnerischen Kfz-Haftpflichtversicherung zu begehen.

Keine Fahrzeughaftpflichtversicherung
Benutzen Sie als Fahrzeughalter oder -führer ein Kraftfahrzeug, ohne dass die erforderliche Fahrzeughaftpflichtversicherung besteht, machen Sie sich wegen eines Verstoßes gegen das Pflichtversicherungsgesetz (§§ 1, 6 Pflichtversicherungsgesetz) strafbar.

Kennzeichenmissbrauch
Wer an seinem Fahrzeugkennzeichen manipuliert, indem er etwa mit schwarzem Klebeband die Buchstaben oder Zahlen verändert, um bei Radarkontrollen eine Halteridentifizierung zu vereiteln, erfüllt den Tatbestand des Kennzeichenmissbrauchs (§ 22 Straßenverkehrsgesetz)

Verfahren und Sanktionen

Im nun folgenden Kapitel wollen wir Ihnen einen kleinen Einblick darüber geben, wie ein strafrechtliches Ermittlungsverfahren abläuft und welche Sanktionen bei Straßenverkehrsdelikten drohen können.

Das Strafverfahren ist in drei Abschnitte untergliedert, nämlich das Ermittlungsverfahren, das gerichtliche Verfahren und das Vollstreckungsverfahren.

Ermittlungsverfahren
Dieser Verfahrensabschnitt liegt in der Hand der Staatsanwaltschaft, die im Zusammenwirken mit anderen Behörden, insbesondere den Polizeidienststellen, einen strafrechtlichen Vorfall zu untersuchen hat. Sobald die Staatsanwaltschaft durch eine Anzeige oder auf andere Weise von dem Verdacht einer Straftat Kenntnis erhält, hat sie bei ihrer Entscheidung, ob die öffentliche Klage zu erheben ist, den Sachverhalt zu erforschen. Dazu bedient sie sich verschiedener Gehilfen als ihrer Ermittlungspersonen, in erster Linie der von ihr beauftragen Polizeibeamten. Darüber hinaus ist die Staatsanwaltschaft berechtigt, von allen öffentlichen Behörden Auskunft zu verlangen

und Ermittlungen jeder Art entweder selbst vorzunehmen oder durch die Behörden und Beamten des Polizeidienstes vornehmen zu lassen.

Ziel dieses Verfahrensstadiums ist festzustellen, ob gegen eine bestimmte Person ein hinreichender Tatverdacht einer strafbaren Handlung besteht.

Einleitung des Verfahrens

Doch wie wird überhaupt ein strafrechtliches Ermittlungsverfahren eingeleitet?

In der überwiegenden Zahl der Fälle werden Ermittlungsverfahren durch Anzeigen eingeleitet, die in der Regel bei den Polizeidienststellen erstattet werden, aber auch bei der Staatsanwaltschaft direkt eingereicht werden können. Die andere Möglichkeit besteht in der Einleitung eines Ermittlungsverfahrens von Amts wegen, so beispielsweise, wenn Polizeibeamte Straftaten entdecken oder wenn die Staatsanwaltschaft aufgrund von Zeitungs- oder Fernsehberichten auf einen Fall aufmerksam wird, bei dem der Anfangsverdacht eines strafbaren Verhaltens besteht.

Die Staatsanwaltschaft hat den Sachverhalt darauf zu überprüfen, ob hier ein Straftatbestand verwirklicht sein könnte. Dabei ist sie ausdrücklich zur Objektivität verpflichtet. Im Gegensatz zu dem aus vielen Spielfilmen und Fernsehserien bekannten amerikanischen Recht haben die deutschen Staatsanwälte auch die zur Entlastung eines Beschuldigten dienenden Umstände zu ermitteln und dafür zu sorgen, dass keine Beweismittel verloren gehen. Die Staatsanwaltschaft erhebt nicht nur die Beweise, welche die Schuld des Beschuldigten belegen, sondern ermittelt in beide Richtungen. Insbesondere aus amerikanischen Krimiserien, die das Bild von Strafverfahren in der Öffentlichkeit maßgeblich prägen, ist bekannt, dass dort der Verteidiger gezwungen ist, eigene Ermittlungen, in der Regel unter Mithilfe der von ihm beauftragter Ermittler/Privatdetektive durchzuführen, um die Unschuld seines Mandanten zu belegen, während der Staatsanwalt lediglich einseitig die den Beschuldigten belastenden Umstände zusammenträgt.

Im deutschen Strafprozess sind nur die ausdrücklich im Gesetz genannten Beweismittel zulässig. Dies sind der Sachverständigen-, der Augenscheins-, der Urkunden- und insbesondere der Zeugenbeweis. Anders als die Partei im Zivilprozess kann im Strafverfahren der Beschuldigte bzw. Angeklagte selbst kein Beweismittel sein.

Einstellung oder Anklagen
Die Staatsanwaltschaft hat ihre Ermittlungen beendet und steht nun vor der Frage, wie es in der Sache weitergehen soll. Sie hat nun eine Entscheidung darüber zu treffen, ob sie das Verfahren einstellt, Anklage erhebt oder eine sonstige Abschlussverfügung trifft.

Ist nach dem Ermittlungsergebnis die Unschuld des Beschuldigten erwiesen oder stehen nach Auffassung der Staatsanwaltschaft keine genügenden Beweismittel für einen Tatnachweis zur Verfügung, wird das Verfahren eingestellt. Dasselbe gilt beim Vorliegen von Strafverfolgungshindernissen, wie z. B. Verjährung und fehlender Strafantrag.

Einstellung des Verfahrens
Kann dem Täter nach Einschätzung der Staatsanwaltschaft die Tat nachgewiesen werden, muss dies noch nicht zwingend zu einer Anklageerhebung führen.

Die Staatsanwaltschaft hat nämlich u. a. die Möglichkeit, Verfahren bei geringem Verschulden des Täters mit oder ohne Auflagen, in der Regel sind dies Geldauflagen, einzustellen.

Bei den sogenannten Privatklagedelikten wird ein Strafverfahren von Amts wegen nur dann durchgeführt, wenn die Staatsanwaltschaft ein öffentliches Interesse bejaht. Zu diesen Delikten gehören beispielsweise auch die im Straßenverkehr häufiger vorkommenden Straftaten der Beleidigung und der fahrlässigen und vorsätzlichen Körperverletzung. Ein solches öffentliches Interesse ist dann gegeben, wenn der Rechtsfrieden über den Lebenskreis des Verletzten hinaus gestört und die Strafverfolgung ein gegenwärtiges Anliegen der Allgemeinheit ist. Bei einigen Delikten (z. B. vorsätzliche und fahrlässige Körperverletzung) ersetzt die Bejahung des öffentlichen Interesses den eigentlich erforderlichen Strafantrag des Verletzten.

Scheidet eine Einstellungsmöglichkeit aus, wird sich der Staatsanwalt darüber Gedanken machen, welche Strafe er für die Tat als angemessen erachtet. Davon hängt nämlich ab, ob er Anklage erhebt oder einen Strafbefehlsantrag stellt.

Strafbefehlsverfahren

Bei Straßenverkehrsdelikten kann es Ihnen häufiger passieren, dass Sie statt einer Anklage einen Strafbefehl des Amtsgerichts erhalten. Dies ist in einigen Deliktsbereichen, insbesondere bei Trunkenheitsdelikten, mittlerweile eher die Regel. Das Strafbefehlsverfahren ist ein rein schriftliches Verfahren. Der Aufbau eines Strafbefehls ähnelt dem einer Anklageschrift. Ihnen wird dabei in kurzer Form insbesondere mitgeteilt, welcher Sachverhalt Ihnen zur Last gelegt und wie der Vorgang rechtlich bewertet wird. Im Unterschied zur Anklageschrift enthält der Strafbefehl bereits einen Strafausspruch, in aller Regel die Festsetzung einer Geldstrafe. Zulässig ist auch die Festsetzung einer Freiheitsstrafe bis zu einem Jahr, allerdings nur dann, wenn diese zur Bewährung ausgesetzt wird und der Beschuldigte einen Verteidiger hat.

Das Strafbefehlsverfahren ist nur bei Erwachsenen und Heranwachsenden möglich. Gegen Jugendliche darf kein Strafbefehl erlassen werden.

Ein Strafbefehl wird von der Staatsanwaltschaft bei Gericht beantragt. Teilt der Amtsrichter die Auffassung des Staatsanwalts, unterschreibt er den Strafbefehl und stellt Ihnen diesen zu.

Der Vorteil eines Strafbefehls kann darin liegen, dass das Verfahren schnell und kostengünstig abgeschlossen werden kann und Ihnen eine – in manchen Fällen unangenehme – öffentliche Hauptverhandlung erspart bleibt.

Was Sie tun können, wenn Sie mit dem Strafbefehl nicht einverstanden sind, besprechen wir unter dem Kapitel „Rechtsmittelmöglichkeiten", S. 92.

Wie wohl allgemein bekannt ist, können die Strafgerichte als Hauptstrafen Geld- oder Freiheitsstrafen verhängen. Zu diesen Hauptstrafen kann als zusätzliche Nebenstrafe auch ein Fahrverbot und als sog. Maßregel der Besserung und Sicherung auch ein Fahrerlaubnisentzug treten.

Zunächst wollen wir uns der Frage zuwenden, welche Strafen bei Erwachsenen in Betracht kommen.

Geldstrafe

Die zahlenmäßig am häufigsten verhängten Strafen bei Straßenverkehrsdelikten sind die Geldstrafen. Eine Geldstrafe wird nach dem Prinzip des **Tagessatzsystems** in zwei Stufen gebildet.

Im ersten Zumessungsakt wird die Anzahl der Tagessätze bestimmt, die mindestens fünf, höchstens jedoch 360 volle Tagessätze betragen darf. Dieser erste Teilakt ist Gradmesser für die Schuld des Angeklagten, d. h. es wird damit ausgedrückt, ob die Tat als mehr oder weniger schwerwiegend angesehen wird. Beispielsweise werden für einfache fahrlässige Körperverletzungen im Straßenverkehr 15 bis 20 Tagessätze verhängt, während bei fahrlässigen Tötungen im Durchschnittsfall nicht unter 100 Tagessätze festgesetzt werden.

Es folgt dann der zweite Akt, bei dem auf der Grundlage der finanziellen Belastbarkeit des Täters die Höhe des einzelnen Tagessatzes bestimmt wird. Dabei geht das Gericht nach den gesetzlichen Vorgaben in der Regel von dem Nettoeinkommen aus, das der Täter durchschnittlich an einem Tag hat oder haben könnte.

Beispiel *Hält das Gericht aufgrund der Gesamtumstände bei der Trunkenheitsfahrt des Berthold Biertrunk eine Geldstrafe mit 50 Tagessätzen für schuld- und tatangemessen und verfügt dieser unter*

Berücksichtigung sämtlicher Unterhaltsverpflichtungen über ein anrechenbares Nettoeinkommen von 1.200 EUR, so wird eine Geldstrafe von 50 Tagessätzen zu je 40 EUR festgesetzt. Dabei wird das zur Verfügung stehende monatliche Nettoeinkommen von 1.200 EUR durch 30 (Anzahl der durchschnittlichen Tage eines Monats) geteilt und damit die individuellen wirtschaftlichen Verhältnisse unseres Freundes Berthold Biertrunk berücksichtigt.

Freiheitsstrafe

Kommen wir nun zu den Freiheitsstrafen. Das Höchstmaß der Freiheitsstrafe liegt bei 15 Jahren, das Mindestmaß bei einem Monat. Darüber hinaus gibt es auch noch die lebenslange Freiheitsstrafe, die allerdings für unseren Themenbereich glücklicherweise keine große Rolle spielt.

Bewährung

Kommt wegen eines Verkehrsdelikts die Verhängung einer Freiheitsstrafe in Betracht, so hat das Gericht zu prüfen, ob es deren Vollstreckung zur Bewährung aussetzen kann. Welche Voraussetzungen hier vorliegen müssen, hängt zunächst von der Höhe der Freiheitsstrafe ab.

Bei der Verurteilung zu einer Freiheitsstrafe von nicht mehr als einem Jahr setzt das Gericht grundsätzlich die Vollstreckung der Strafe zur Bewährung aus, wenn zu erwarten ist, dass

- der Verurteilte sich schon die Verurteilung zur Warnung hat dienen lassen und
- künftig auch ohne die Einwirkung des Strafvollzugs keine Straftaten mehr begehen wird.

Eine Freiheitsstrafe von über einem bis zu zwei Jahren kann zur Bewährung ausgesetzt werden, wenn darüber hinaus nach der Gesamtwürdigung von Tat und Persönlichkeit des Verurteilten besondere Umstände vorliegen. Dabei kann das Gericht dem Verurteilten für die Dauer der Bewährungszeit bestimmte Auflagen und Weisungen erteilen, wie z. B. Teilnahme an einem Suchtberatungsgespräch oder Verkehrsunterricht.

Wer zu einer Freiheitsstrafe von über zwei Jahren verurteilt wird, hat Pech gehabt. Derartige Freiheitsstrafen können nicht mehr zur Bewährung ausgesetzt werden.

Wird während einer laufenden Bewährungszeit eine neue, insbesondere einschlägige Straftat begangen, kann die Bewährung aus der Vorverurteilung widerrufen werden. Kommt das Gericht in dem neuen Verfahren allerdings zu einer günstigen Prognose, so kann der Widerruf der Strafe aus dem alten Verfahren vermieden werden.

Strafzumessungskriterien

Im vorigen Abschnitt wurden allgemein die verschiedenen Sanktionsmöglichkeiten dargestellt. Doch mit welcher Strafhöhe hat ein Verkehrsteilnehmer konkret zu rechnen, der bei einem Verkehrsunfall eine andere Person schuldhaft verletzt oder unter Alkoholeinwirkung ein Kraftfahrzeug gelenkt hat? Welche Kriterien spielen dabei für die Gerichte eine wesentliche Rolle?

Grundlage für die Zumessung der Strafe ist die **Schuld** des Täters. Das Gericht wägt dabei die für und gegen den Täter sprechenden Umstände gegeneinander ab. Auch sind die Wirkungen zu berücksichtigen, die von der Strafe für das künftige Leben des Täters in der Gesellschaft zu erwarten sind.

Bei unter Alkoholeinwirkung begangenen Straßenverkehrsdelikten kann eine ernsthafte Therapiebereitschaft strafmildernde Wirkung haben. Allerdings reicht hierfür in der Regel die Teilnahme an einer Nachschulung allein noch nicht aus.

Bei Verkehrsstraftaten mit Sach- oder Personenschäden ist ein Mitverschulden des Opfers oder Dritter grundsätzlich strafmildernd zu werten. Gewichtige Strafzumessungsgesichtspunkte sind der Grad der Alkoholisierung, das Ausmaß der verursachten Gefährdung einer

Trunkenheitsfahrt und der bei einem Unfall verursachte Fremdschaden. Liegt eine alkohol- oder drogenbedingt verminderte Schuldfähigkeit vor, kann dies zu einer Strafmilderung führen.

Allerdings kann selbst bei Fahrlässigkeitstaten im Straßenverkehr, namentlich bei Trunkenheitsdelikten mit besonders schweren Tatfolgen, unter dem Gesichtspunkt der Verteidigung der Rechtsordnung eine Bewährung versagt werden. Bei fahrlässigen Tötungen unter Alkoholeinwirkung ist auch bei Ersttätern regelmäßig eine Freiheitsstrafe zu erwarten, die nicht mehr zur Bewährung ausgesetzt werden kann. Dies gilt auch dann, wenn ein Unfall mit besonders schweren, insbesondere tödlichen Folgen auf einem besonders groben und rücksichtslosen Verkehrsverstoß des Täters beruht.

Ein Ausnahmefall, der bei einer unter Alkoholeinfluss begangenen fahrlässigen Tötung noch eine Bewährungsstrafe rechtfertigen könnte, wird regelmäßig nur dann vorliegen, wenn bei dem Unfall ein Angehöriger des Täters oder eine ihm sonst nahestehende Person ums Leben gekommen ist.

Abgesehen von den Alkoholfällen werden bei fahrlässigen Tötungen ansonsten im Durchschnittsfall bei Ersttätern in der Regel höhere Geldstrafen im Bereich von 100 bis 150 Tagesätzen verhängt. Allgemein gilt bei allen (Verkehrs-)Straftaten, dass ein Täter, der wiederholt wegen desselben Delikts verurteilt worden ist oder gar zur Tatzeit unter Bewährung stand, mit der Verhängung deutlich höherer Strafen bis hin zu Freiheitsstrafen ohne Bewährung zu rechnen hat.

Da bei Verkehrsunfällen häufig die Unfallgegner oder auch Mitfahrer des Unfallverursachers zumindest leicht verletzt (Schleudertrauma, Prellungen, Schürfungen) werden, gehören die Vergehen der **fahrlässigen Körperverletzung** zu den am häufigsten auftretenden Verkehrsdelikten.

Bei lediglich leichtem Verschulden des Täters und leichten bis mittelschweren Verletzungsfolgen beim Unfallopfer kann das Ermittlungsverfahren wegen Geringfügigkeit mit oder ohne Geldauflage eingestellt und/oder an die Verwaltungsbehörde zur Abrügung der durch die Tat verwirklichten Ordnungswidrigkeiten abgegeben werden.

Beispiel *Unter leichten Verstößen sind etwa ein Auffahren im Stadtverkehr, der Verlust der Herrschaft über ein Fahrzeug bei Eis- und Schneeglätte oder ein Unfall bei nur schwer voraussehbaren und vermeidbaren Verkehrslagen zu verstehen.*

Ist der Verletzte Angehöriger des Täters, wird in der Regel eine Verfahrensabgabe an die Verwaltungsbehörde zur Ahndung der verwirklichten Verkehrsordnungswidrigkeiten in Betracht kommen. Die üblichen Sanktionen für fahrlässige Körperverletzungen bei einfachem bis durchschnittlichem Verschulden sowie leichten bis mittleren Tatfolgen liegen im Bereich von 15 bis 20 Tagessätzen. Handelt es sich um eine Wiederholungstat oder wird die Tat unter erschwerenden Umständen, wie grobe Verkehrswidrigkeit oder schweren Verletzungsfolgen, begangen, können auch Geldstrafen von über 20 Tagessätzen verhängt werden. Lediglich bei groben Pflichtverletzungen mit ganz erheblichen Verletzungsfolgen, wie z. B. Verlust eines Gliedmaßes oder Querschnittslähmung beim Unfallopfer, können auch bei einem unvorbelasteten Täter Freiheitsstrafen festgesetzt werden. Ein maßgebliches Kriterium bei der Strafzumessung ist jedoch in allen Fällen auch die Frage eines Mitverschuldens des Verkehrsopfers. Beruht der Unfall und damit zusammenhängend die Verletzung (auch) auf einem solchen schuldhaften Verhalten des Unfallgegners, kann sich dies – je nach Gewicht des Fehlverhaltens – ganz erheblich strafmildernd für den Täter auswirken.

Besonderheiten bei Trunkenheit

Im Bereich der Trunkenheitsfahrten spielt bei der Strafzumessung die Frage, ob der Täter vorsätzlich oder lediglich fahrlässig gehandelt hat, wegen des identischen Strafrahmens keine große Rolle. In der gerichtlichen Praxis orientiert sich die strafrechtliche Sanktion im Wesentlichen an der Höhe der festgestellten Blutalkoholkonzentration. Zwar werden im allgemeinen Strafrecht grundsätzlich Fahrlässigkeitstaten milder als Vorsatztaten bestraft. Nach herrschender

Auffassung widerspricht bei den Trunkenheitsdelikten eine Gleichbehandlung von Vorsatz und Fahrlässigkeit bei der Strafzumessung jedoch nicht dem Schuldgrundsatz, wobei insbesondere auf die hohe abstrakte Gefährlichkeit abgestellt wird. In der Regel werden bei Durchschnittsfällen, d. h. bei einem Ersttäter und mittlerem Verschulden, Geldstrafen im Bereich von 30 bis 60 Tagessätzen verhängt.

Die Frage, ob eine Verurteilung wegen vorsätzlicher oder fahrlässiger Trunkenheit im Verkehr erfolgt, hat für den Betroffenen dennoch eine erhebliche Bedeutung, da daran auch unterschiedliche Folgen in zivil- und verwaltungsrechtlicher Hinsicht geknüpft sind. Wer angetrunken ein Kraftfahrzeug lenkt und dabei einen Unfall verursacht, muss mangels Versicherungsschutz mit erheblichen finanziellen Folgen rechnen. Häufig machen die Versicherer bei Trunkenheitsfahrten von ihrem gesetzlichen Ablehnungsrecht wegen Gefahrerhöhung und bedingtem Vorsatz Gebrauch. Zudem entfällt bei einer vorsätzlich begangenen Straftat auch in aller Regel die Leistungspflicht von Rechtsschutzversicherungen. Letztlich sind auch an die Wiedererteilung der Fahrerlaubnis bei einer Vorsatztat nachteilige Folgen geknüpft.

Besonderheiten bei Jugendlichen bzw. Heranwachsenden

Bislang haben wir nur die Strafen bei Erwachsenen behandelt. Doch was haben nun Kinder und Jugendliche zu erwarten, wenn sie einen Straf- oder Ordnungswidrigkeitentatbestand verwirklichen?

Kinder

Kinder sind Personen, die zur Tatzeit noch nicht 14 Jahre alt waren. Die Handlungen eines Kindes sind grundsätzlich nicht vorwerfbar bzw. schuldhaft, so dass diese weder bußgeldrechtlich noch strafrechtlich geahndet werden können.

Jugendliche
Anders sieht es bei einem Jugendlichen, d. h. einem Täter der Altersgruppe zwischen 14 und 18 Jahren, aus. Für ihn gilt das Jugendstrafrecht. Ist der Jugendliche zur Zeit der Tat nach seiner sittlichen und geistigen Entwicklung reif genug, um das Unrecht der Tat einzusehen und nach dieser Einsicht zu handeln, kann gegen ihn sowohl ein Bußgeld als auch eine jugendstrafrechtliche Sanktion verhängt werden. Im Gegensatz zum Strafverfahren stehen im Bußgeldverfahren Heranwachsende den Erwachsenen gleich. Anders als beim Strafrecht gibt es im Ordnungswidrigkeitenbereich für Handlungen Jugendlicher, Heranwachsender und Erwachsener keine unterschiedlichen Sanktionen. Es kommt bei allen eine Geldbuße in Betracht.

Ein bußgeldrechtliches Fahrverbot kann auch gegen Jugendliche und Heranwachsende verhängt werden.

Das Jugendstrafrecht hat ein eigenes, teilweise vom Erwachsenenstrafrecht abweichendes Sanktionssystem. Neben Geldauflagen und Freiheitsstrafen stehen den Jugendgerichten weitergehende Weisungs- und Auflagemöglichkeiten zur Verfügung, um auf den jungen Täter einzuwirken. So kann z. B. die Weisung erteilt werden, an einem Verkehrsunterricht oder an Suchtberatungsgesprächen teilzunehmen. Auch ist die Verhängung von Jugend-/Ungehorsamsarrest (Feizeitarrest, Wochenendarrest) bis zu vier Wochen möglich. Im Übrigen kann auch bei Jugendlichen und Heranwachsenden eine sog. Jugendstrafe als Freiheitsstrafe verhängt werden. Diese umfasst im Gegensatz zum Erwachsenenstrafrecht, wo die Mindestfreiheitsstrafe einen Monat beträgt, jedoch mindestens sechs Monate Freiheitsstrafe. Voraussetzung für die Verhängung einer Jugendstrafe ist die Feststellung, dass beim Jugendlichen schädliche Neigungen oder eine besondere Schwere der Schuld vorliegen. Die Jugendstrafe als letztes Mittel kommt nur dann in Betracht, wenn andere jugendrichterliche Sanktionen wie Arbeitsauflagen oder auch Jugendarrest nicht mehr ausreichen. Dies führt dazu, dass auch bei gravierenden Verkehrsdelikten Jugendlicher in der Regel keine Jugendstrafe verhängt wird.

Heranwachsende

Personen der Altersgruppe zwischen 18 und 21 Jahren werden im Strafrecht als Heranwachsende bezeichnet.

Bei diesen ist zunächst zu prüfen, ob aufgrund der persönlichen Entwicklung, insbesondere wegen vorliegender Reifeverzögerungen noch Jugendstrafrecht angewandt werden kann oder ob der Täter bereits nach Erwachsenenstrafrecht zu behandeln ist. Dabei wird die Gesamtpersönlichkeit des Täters nach seiner sittlichen und geistigen Entwicklung beurteilt. Bei dieser Bewertung der Täterpersönlichkeit ist rückschauend auf den Tatzeitpunkt abzustellen, nicht etwa auf den oft erst längere Zeit später stattfindenden Urteilstermin. Die Jugendgerichte haben bei der Beurteilung dieser Frage ein weites Ermessen, wobei insbesondere der Umstand des Erwerbs einer Fahrerlaubnis für sich allein noch keinen Rückschluss auf eine besondere Reife und damit auf eine Anwendbarkeit des Erwachsenenstrafrechts zulässt. Im Rahmen dieser Prüfung wird auch die Frage geklärt, ob es sich bei der konkreten Tat um eine jugendtypische Verfehlung handelt. Eine solche ist dann gegeben, wenn die Tat nach dem äußeren Erscheinungsbild die typischen Merkmale jugendlicher Unreife trägt.

Möglichkeit der Einstellung

Ähnlich wie im Erwachsenenstrafrecht können auch im Jugendstrafverfahren bei geringem Verschulden Ermittlungsverfahren durch die Staatsanwaltschaft ohne Mitwirkung eines Richters eingestellt werden. Wenn erzieherische Maßnahmen durchgeführt oder eingeleitet sind, ist ein Absehen von der Strafverfolgung möglich. Manchmal reicht hierfür auch eine Ermahnung oder ein erzieherisches Gespräch mit dem Staatsanwalt oder mit einem Mitarbeiter der Jugendgerichtshilfe aus. Von einer Strafverfolgung kann in solchen Fällen aber auch dann abgesehen werden, wenn der jugendliche Straftäter Auflagen und Weisungen der Staatsanwaltschaft erfüllt, z. B. einige Stunden gemeinnützige Arbeit erledigt, Suchtberatungsstellen aufsucht oder an bestimmten Schulungsmaßnahmen wie Verkehrsunterricht etc. teilnimmt.

Führerschein ade?!

Neben den zuvor beschriebenen Hauptstrafen kommen bei Verkehrsstraftaten als weitere Sanktionen natürlich auch Führerscheinmaßnahmen in Betracht, womit wir wieder beim Hauptthema unseres Leitfadens angelangt sind. Dabei sind als Nebenstrafe das Fahrverbot und als sog. Maßregel der Besserung und Sicherung der Fahrerlaubnisentzug zu nennen.

Fahrverbot im Strafverfahren

Auch im Strafverfahren kann nach § 44 StGB ein Fahrverbot verhängt werden, wenn jemand wegen einer Straftat, die er bei oder im Zusammenhang mit dem Führen eines Kraftfahrzeuges oder unter Verletzung der Pflichten eines Kraftfahrzeugführers begangen hat, zu einer Freiheitsstrafe oder einer Geldstrafe verurteilt worden ist.

Das Fahrverbot ist eine Nebenstrafe und für solche Täter vorgesehen, die zwar nicht ungeeignet zum Führen eines Kraftfahrzeugs sind, aber dennoch einen besonderen Denkzettel für ihre schuldhaft begangene Verkehrsstraftat verdienen. Aus diesem Grund wird ihnen für ein bis drei Monate verboten, im Straßenverkehr Kraftfahrzeuge zu führen.

Das Verbot gilt dabei sowohl für fahrerlaubnisfreie Kraftfahrzeuge (z. B. Mofas) als auch für fahrerlaubnispflichtige.

Im Gesetz ist ausdrücklich geregelt, dass ein Fahrverbot in der Regel dann anzuordnen ist, wenn bei einer Verurteilung wegen Trunkenheit im Verkehr oder einer unter Alkoholeinwirkung begangenen Straßenverkehrsgefährdung die Entziehung der Fahrerlaubnis unterbleibt.

Wir halten fest, dass ein Fahrverbot nur **neben** Freiheits- und Geldstrafe verhängt werden darf, also nicht als Einzelsanktion, und die Dauer maximal drei Monate beträgt.

Es soll als Warnungs- und Besinnungsstrafe für nachlässige oder leichtsinnige Kraftfahrer dienen. Auch bei Straftaten im Zusammenhang mit dem Führen eines Kraftfahrzeuges, für das es keiner Fahrerlaubnis bedarf, ist die Anordnung eines Fahrverbots möglich. Demgegenüber scheidet ein Fahrverbot beim Führen von Nichtkraftfahrzeugen, wie beispielsweise Fahrrädern, aus.

Allerdings kann ausnahmsweise neben einem Fahrerlaubnisentzug auch ein Fahrverbot verhängt werden, wenn die Straftat, etwa eine Trunkenheitsfahrt, mit einem fahrerlaubnisfreien Fahrzeug wie einem Mofa begangen wurde.

Wirksam wird das Fahrverbot mit Rechtskraft des Urteils. Von diesem Tage an darf der Verurteilte für die Dauer der Verbotsfrist kein Kraftfahrzeug mehr führen.

Ganz wichtig in diesem Zusammenhang ist der Hinweis, dass diese Frist erst mit Ablieferung des Führerscheins in amtliche Verwahrung zu laufen beginnt.

Sofern der Angeklagte durch das Gericht ordnungsgemäß über den Beginn der Verbotsfrist belehrt worden ist, verlängert eine verspätete Ablieferung des Führerscheins die Gesamtdauer der Fahrverbotsfrist, da er ja bereits ab dem Zeitpunkt des rechtskräftigen Urteils nicht mehr fahren darf.

Zuwiderhandlungen gegen ein bestehendes Fahrverbot sind nach der Vorschrift des § 21 Straßenverkehrsgesetz strafbar und können als weitere Folge unter Umständen die Entziehung der Fahrerlaubnis und die Einziehung des Kraftfahrzeugs nach sich ziehen.

Das Verbot erstreckt sich auf das Führen von Kraftfahrzeugen im Straßenverkehr, d.h. auf Wegen und Plätzen, die dem öffentlichen Verkehr dienen. Nicht durch ein Fahrverbot nach § 44 StGB untersagt wird demnach eine Fahrzeugnutzung auf einem abgetrennten Privatgelände oder auf einem landwirtschaftlichen Feld (nicht auf den zum Feld führenden öffentlichen Wegen!)

Entziehung der Fahrerlaubnis

Kommen wir nun zu der bei Verkehrsdelikten am meisten gefürchteten Maßnahme, die Entziehung der Fahrerlaubnis, geregelt in den §§ 69 und 69a StGB.

Diese trifft viele Täter härter als die eigentliche Strafe. Sie hat auch deshalb weitreichende Folgen, weil die Straßenverkehrsbehörde nicht verpflichtet ist, eine neue Fahrerlaubnis ohne Weiteres und sofort nach Ablauf einer gerichtlich angeordneten Sperrfrist wiederzuerteilen. Wie wir an anderer Stelle des Leitfadens noch näher ausführen werden, kann vor Neuerteilung durch die Fahrerlaubnisbehörde unter bestimmten Voraussetzungen (u. a. Blutalkoholkonzentration ab 1,6 Promille) auch eine Medizinisch-Psychologische Untersuchung (MPU) drohen.

Die Entziehung der Fahrerlaubnis ist eine sog. Maßregel der Besserung und Sicherung. Sie ist gegen Täter zu verhängen, die sich durch ihre Tat als ungeeignet zum Führen von Kraftfahrzeugen erwiesen haben. Diese Maßnahme dient in erster Linie dem Schutz der Allgemeinheit vor Fahrern, welche die Verkehrsicherheit gefährden. Aufgrund dieser Zielrichtung kann die Fahrerlaubnis bereits vor der Verurteilung vorläufig entzogen werden. Näheres hierzu später. Anders als bei bußgeld- oder strafrechtlichen Fahrverboten erlischt die Fahrerlaubnis, wenn sie entzogen wird.

Was ist die Sperrfrist?

Gleichzeitig mit der Entziehung verhängt das Gericht eine Sperrfrist für die Wiedererteilung. Diese kann zwischen sechs Monaten und fünf Jahren betragen.

Erst nach Ablauf der gerichtlich festgesetzten Frist kann eine neue Fahrerlaubnis durch die zuständige Fahrerlaubnisbehörde erteilt werden. Das Gesetz eröffnet dem Gericht dabei jedoch die Möglichkeit, von der Sperre bestimmte Arten von Kraftfahrzeugen auszunehmen, wenn besondere Umstände die Annahme rechtfertigen, dass der Zweck der Maßregel dadurch nicht gefährdet wird. Dies bedeutet, dass auf entsprechenden Antrag des Betroffenen das Gericht einzelne Fahrerlaubnisklassen, nicht jedoch ein bestimmtes einzelnes Fahrzeug, von dem Fahrerlaubnisentzug ausnehmen kann.

Beispiel *Ist also Berthold Biertrunk Landwirt oder betreibt er neben seinem Hauptberuf noch eine kleine Landwirtschaft, kann – was in solchen Fällen in der Praxis nicht selten vorkommt – von der Sperre die Fahrerlaubnisklasse T zum Führen von landwirtschaftlichen Fahrzeugen ausgenommen werden.*

Die vom Gericht unter Berücksichtigung der bereits abgelaufenen Frist am Ende noch festzusetzende Sperrfrist darf allerdings drei Monate nicht unterschreiten.

Beispiel *Berthold Biertrunk gerät bei der der Rückfahrt von einer Silvesterparty am 1. 1. 2008 in eine Alkoholkontrolle, bei der sein Führerschein beschlagnahmt wird. Hält das Amtsgericht bei der am 2. 6. 2008 wegen Trunkenheitsfahrt stattfindenden Gerichtsverhandlung einen Fahrerlaubnisentzug für unumgänglich, muss es zumindest eine Sperrfrist von weiteren 3 Monaten festsetzen, auch wenn es grundsätzlich eine Gesamtsperrfrist von 8 Monaten möglicherweise als ausreichend angesehen hätte.*

Isolierte Sperrfrist

Falls der Täter bei Begehung des Straßenverkehrsdelikts keine Fahrerlaubnis hatte, scheidet naturgemäß eine Entziehung der Fahrerlaubnis aus. In diesem Falle bestimmt das Gericht eine isolierte Sperrfrist, innerhalb derer die Verwaltungsbehörde dem Betroffenen keine Fahrerlaubnis erteilen darf. Sollte also der Täter während des Laufs einer solchen Sperrfrist die Fahrprüfung erfolgreich ablegen, muss er zumindest bis zum Ablauf der gerichtlich angeordneten Sperrfrist warten, bis ihm die Fahrerlaubnisbehörde eine Fahrerlaubnis erteilen darf.

Verkürzte Sperrfrist

Wir werden häufiger gefragt, ob eigentlich die Möglichkeit besteht, eine gerichtlich unanfechtbar festgesetzte Sperrfrist nachträglich noch zu verkürzen. Das Gesetz lässt in der Tat die vorzeitige Aufhebung einer rechtskräftig angeordneten Sperre unter gewissen Voraussetzungen zu, sofern die Sperre bereits mindestens drei Monaten gedauert hat. Wenn Sie beispielsweise erfolgreich eine Nachschulung aufgrund eines wissenschaftlich anerkannten Modells, wie z. B. nach dem Mainzer Modell, absolviert oder auch an sonstigen Aufbauseminaren für alkoholauffällige Täter teilgenommen haben, kommt eine solche Sperrfristverkürzung in Betracht. Zu beachten ist dabei jedoch, dass die Abkürzung der Sperrfrist die Entziehung der Fahrerlaubnis nicht beseitigt, sondern lediglich der Fahrerlaubnisbehörde die Ermächtigung gibt, (frühzeitiger) eine neue Fahrerlaubnis zu erteilen.

Wann droht die Entziehung?

Unter welchen Voraussetzungen und in welchen Fällen bei einer Straftat die Entziehung der Fahrerlaubnis durch die Gerichte angeordnet werden kann, regelt § 69 Strafgesetzbuch.

Knackpunkt ist demnach die Frage der charakterlichen Ungeeignetheit zum Führen von Kraftfahrzeugen. Bei welchen konkreten Handlungen die Entziehung der Fahrerlaubnis droht, sagt uns der Absatz 2 des § 69 StGB. Dort werden diejenigen Straftaten aufgeführt, bei denen **regelmäßig** eine solche Ungeeignetheit angenommen werden kann. Begehen Sie ein Vergehen der Gefährdung des Straßenverkehrs oder der Trunkenheit im Verkehr, dann wird **in der Regel** vermutet, dass Sie als Täter charakterlich ungeeignet zum Führen von Kraftfahrzeugen sind. Dasselbe gilt bei der Unfallflucht dann, wenn Sie wissen oder wissen können, dass bei dem Unfall ein Mensch getötet oder nicht unerheblich verletzt worden oder an fremden Sachen bedeutender Schaden entstanden ist; schließlich auch dann, wenn Sie den Tatbestand des Vollrausches mit Bezug auf eine der vorgenannten Taten verwirklicht haben.

Bei diesen besonders schweren Straßenverkehrsvergehen wird grundsätzlich auf ein gefährliches Maß an Verantwortungslosigkeit des Täters im Straßenverkehr geschlossen. Da hilft es auch nicht, darauf zu verweisen, dass man Ersttäter ist und sich in der Vergangenheit bislang noch nichts hat zu Schulden kommen lassen. Liegt ein oben genannter Regelfall vor, kann von der Entziehung der Fahrerlaubnis lediglich noch in Ausnahmefällen abgesehen werden. Nur wenn besondere Umstände vorliegen, die sich deutlich von den sonst üblicherweise vorkommenden Fällen, also dem sogenannten „Durchschnittsfall", abheben, sehen die Gerichte von der eigentlich angezeigten Entziehung der Fahrerlaubnis ab. Allerdings werden dabei strenge Anforderungen gestellt.

Im Grunde haben Sie bei einer Trunkenheit im Verkehr nur dann eine Chance, einen Fahrerlaubnisentzug zu vermeiden, wenn Sie sich beispielsweise auf eine gänzlich fehlende Alkoholerfahrung berufen können und dabei bei einer vorsichtig ausgeführten kurzen Fahrt eine lediglich verkehrsarme Strecke befahren haben. Als weiteres Beispiel wurde in der Rechtsprechung das nächtliche Umparken eines Kfz auf leerem Parkplatz angenommen, insbesondere wenn das Fahrzeug zuvor verkehrsstörend abgestellt worden war.

Die Ungeeignetheit zum Führen von Kraftfahrzeugen muss zum Zeitpunkt der gerichtlichen Aburteilung (noch) bestehen. Liegt die Tat bereits länger zurück und haben Sie zwischenzeitlich längere Zeit ohne Beanstandungen am Straßenverkehr teilgenommen, kann das Gericht im Hauptverhandlungstermin zur Auffassung gelangen, dass nunmehr eine Ungeeignetheit nicht mehr festgestellt werden kann. Ähnliches kann gelten, wenn Sie im Gerichtstermin belegen können, dass Sie nach der Tat an bestimmten Schulungsmaßnahmen wie z. B. Nachschulungen und Aufbauseminaren, Selbsthilfegruppen für Alkoholkranke mit festgestellter Abstinenz etc. teilgenommen haben.

Extremfälle

Und was macht man mit ganz unbelehrbaren und für die Allgemeinheit hochgradig gefährlichen Straßenverkehrstätern? Ist über die vorgenannte Maximalfrist von 5 Jahren auch eine Sperre für die Wiedererteilung der Fahrerlaubnis auf Lebenszeit möglich?

Die Antwortet lautet ja, wenn die gesetzliche Höchstfrist zur Abwehr der von dem Täter drohenden Gefahren nicht ausreicht. Allerdings ist dies nur in sehr wenigen Ausnahmefällen, z. B. bei schwerster Verkehrskriminalität und chronischer Trunkenheitsdelinquenz, möglich.

Sind Sie Wiederholungstäter, beträgt die Sperre mindestens ein Jahr, wenn gegen Sie in den letzten drei Jahren vor der Tat bereits einmal eine Sperre angeordnet worden ist.

Kein Verschulden

Bei der Frage des Fahrerlaubnisentzugs kommt es auf ein Verschulden des Täters nicht an. Deshalb kann auch einem schuldunfähigen Täter zumindest die Fahrerlaubnis entzogen werden, auch wenn er für die Verkehrstraftat selbst nicht bestraft werden kann.

Vorläufige Entziehung der Fahrerlaubnis

Als vorbeugende Maßnahme sieht die Strafprozessordnung die Möglichkeit vor, einem Kraftfahrzeuglenker bereits vor einem strafrechtlichen Urteil durch richterlichen Beschluss vorläufig die Fahrerlaubnis zu entziehen.

Voraussetzung für eine solche vorläufige Entziehung der Fahrerlaubnis ist ein dringender Verdacht dahingehend, dass in einem späteren Verfahren dem Betroffenen endgültig die Fahrerlaubnis entzogen werden wird. Hierzu bedarf es eines hohen, fast an Gewissheit grenzenden Verdachts, der insbesondere bei den bereits behandelten (Regel-)Fällen der Trunkenheit im Verkehr, der Straßenverkehrsgefährdung u. a. grundsätzlich regelmäßig anzunehmen ist.

Auch von dieser vorläufigen Entziehung können – wie oben bereits erwähnt – bestimmte Arten von Kraftfahrzeugen ausgenommen werden.

Erhebt der Fahrzeugführer gegen die polizeiliche Sicherstellung des Führerscheins keinen Widerspruch, sondern gibt diesen freiwillig heraus, so ist eine ausdrückliche richterliche Anordnung über die vorläufige Entziehung nicht erforderlich. Die Beschlagnahme bzw. Sicherstellung des Führerscheins hat in diesem Fall die Wirkung eines vorläufigen Fahrverbots.

Lehnt das Gericht eine vorläufige Entziehung der Fahrerlaubnis ab, entfällt hierdurch die rechtliche Grundlage für die Beschlagnahme eines Führerscheins, so dass dieser dem Beschuldigten zurückzugeben ist.

Beschwerdemöglichkeit

Die richterliche Anordnung der vorläufigen Entziehung ergeht durch Beschluss und kann mit der Beschwerde angefochten werden. Legen Sie Beschwerde ein, hat der Richter zunächst die Möglichkeit, seine Entscheidung zu überdenken und ggf. der Beschwerde abzuhelfen, indem er seinen ursprünglichen Beschluss wieder aufhebt. Hält das Gericht jedoch an seinem Ausgangsbeschluss fest, entscheidet die nächsthöhere Instanz über die Beschwerde. So eine Beschwerde ist aus taktischen Gründen im Einzelfall jedoch gut zu überlegen, da eine für den Beschuldigten negative Entscheidung der Beschwerdeinstanz häufig auch eine richtungsweisende Wirkung für das Hauptsacheverfahren haben kann. Dem erstinstanzlichen Richter ist in diesem Fall nun bekannt, dass das eventuell spätere Berufungsgericht zumindest nach vorläufiger Würdigung des Sachverhalts eine Entziehung der Fahrerlaubnis für gerechtfertigt hält, was seine eigene Entscheidung in der Regel beeinflussen wird.

Einziehung des Fahrzeugs

Abgesehen von den bereits behandelten Hauptstrafen und Führerscheinmaßnahmen ist in Ausnahmefällen auch die Einziehung des bei der Tat benutzten Fahrzeugs möglich.

Im Gegensatz zum Strafverfahren, in dem die Einziehung eines Kraftfahrzeuges als Tatmittel zur Begehung von erheblichen Straftaten, wie beispielsweise zum Handeltreiben mit Betäubungsmitteln, eingezogen werden kann, ist im Ordnungswidrigkeitenverfahren eine Einziehung nicht zulässig.

Selbst bei erheblichen und wiederholten Verkehrsordnungswidrigkeiten ist die Sicherstellung des Fahrzeugs aus Gründen polizeilicher Gefahrenabwehr nicht möglich.

Einen Spezialfall der Einziehung enthält der Straftatbestand des Fahrens ohne Fahrerlaubnis nach § 21 Straßenverkehrsgesetz. Danach kann das Kraftfahrzeug, auf das sich eine solche Tat bezieht, eingezogen werden, wenn der Täter

- das Fahrzeug geführt hat, obwohl ihm die Fahrerlaubnis entzogen oder nach dem Strafgesetzbuch oder dem Ordnungswidrigkeitengesetz ein Fahrverbot angeordnet war oder obwohl eine Sperrfrist für die Wiedererteilung der Fahrerlaubnis angeordnet war,
- als Halter des Fahrzeugs angeordnet oder zugelassen hat, dass jemand in den vorgenannten Fällen das Fahrzeug führte, oder
- in den letzten drei Jahren vor der Tat schon einmal wegen einer vorsätzlichen Tat des Fahrens ohne Fahrerlaubnis verurteilt worden ist.

Voraussetzung ist jedoch stets, dass das Kraftfahrzeug entweder dem Täter gehört oder zusteht oder die Gefahr weiterer Straftaten unter Benutzung des Fahrzeugs besteht. Dabei steht es im Ermessen des Gerichts, ob diese Maßnahme angeordnet wird. Eine finanzielle

Entschädigung für das eingezogene Fahrzeug erhält der Täter nicht.

Das gerichtliche Verfahren

Ist die Staatsanwaltschaft der Auffassung, dass eine Anklage oder ein Strafbefehlsantrag unumgänglich ist, treten wir in den nächsten Verfahrensabschnitt ein, das gerichtlichen Verfahren.

Das gerichtliche Verfahren wird in das Zwischen- und das Hauptverfahren unterteilt.

Zwischenverfahren

Hat die Staatsanwaltschaft Anklage erhoben, prüft das Gericht, ob nach Aktenlage mit den dort aufgeführten Beweismitteln eine spätere Verurteilung hinreichend wahrscheinlich ist. Dabei sollen zunächst gänzlich unbegründete Anklagen der Staatsanwaltschaft ausgefiltert werden. Liegt ein solcher Fall vor, kann das Gericht die Eröffnung des Hauptverfahrens ablehnen, wogegen die Staatsanwaltschaft jedoch Beschwerde einlegen kann. Ist eine Verurteilung dagegen hinreichend wahrscheinlich, wird das Gericht das Hauptverfahren eröffnen.

Hauptverfahren

Das Kernstück des Strafprozesses ist das Hauptverfahren, in dem nach mündlicher Verhandlung über Schuld und Unschuld des Angeklagten entschieden wird. Am Ende der mündlichen Verhandlung, die in der Regel öffentlich ist (Ausnahme u. a. bei Verfahren gegen Jugendliche), wird ein Urteil verkündet. Wird der Angeklagte in erster Instanz zu einer Geld- oder Freiheitsstrafe mit oder ohne Bewährung verurteilt, kann er hiergegen Rechtsmittel einlegen. Wenn alle Rechtsmittelmöglichkeiten erschöpft sind, ist das Urteil Grundlage für das sich anschließende Vollstreckungsverfahren. Um die Rechtsmittelmöglichkeiten gegen Strafurteile und richterliche Beschlüsse besser verstehen zu können, werfen wir zunächst einen kurzen Blick auf den Aufbau der deutschen Strafgerichtsbarkeit und den sogenannten Instanzenzug.

Welche Gerichte gibt es?
Für die Strafgerichte, die zur ordentlichen Gerichtsbarkeit gehören, gilt der vierstufige Gerichtsaufbau:

- Amtsgericht (AG)
- Landgericht (LG)
- Oberlandesgerichte (OLG) als Gerichte der Länder

sowie

- Bundesgerichtshof (BGH) als Gericht des Bundes.

An dieser Stelle bietet sich auch an, kurz auf den Unterschied zwischen einem Vergehen und einem Verbrechen einzugehen. Als Verbrechen werden nach dem Strafgesetzbuch lediglich diejenigen rechtswidrigen Taten bezeichnet, bei denen eine Mindeststrafe von einem Jahr Freiheitsstrafe besteht. Andere Delikte, die im Mindestmaß mit einer geringeren Freiheitsstrafe oder mit Geldstrafe bedroht werden, nennt man Vergehen.

Amtsgericht
Strafsachen von geringerer Bedeutung werden beim Amtsgericht angeklagt. Dort entscheidet entweder der Einzelrichter, der für Vergehen zuständig ist, wenn eine Geldstrafe oder Freiheitsstrafe von bis zu zwei Jahren zu erwarten ist, oder das Schöffengericht bei Verbrechen (s. o.) und bei Vergehen mit einer Straferwartung von mehr als zwei Jahren. Das Amtsgericht darf jedoch keine über vier Jahre hinausgehenden Freiheitsstrafen verhängen.

Langericht
Beim Landgericht sind in Strafsachen Kleine Strafkammern sowie Große Strafkammern mit der Sonderform des Schwurgerichts tätig. Die Kleinen Strafkammern verhandeln über Berufungen gegen Urteile des Amtsgerichts, während vor den Großen Strafkammern erstinstanzlich die gewichtigeren Straftaten, in der Regel mit einer Straferwartung von mehr als 4 Jahren, verhandelt werden.

Oberlandesgericht
Das Oberlandesgericht entscheidet ebenfalls in zwei Instanzen. In erster Instanz unter anderem wegen Spionage- und sonstiger Staatsschutzdelikte (was im Straßenverkehr aber keine Rolle spielt), sowie darüber hinaus als Revisionsgericht dritter Instanz gegen Entscheidungen der Kleinen Strafkammern des Landgerichts. Als Sonderfall entscheidet das Oberlandesgericht auch über sogenannte Sprungrevisionen gegen erstinstanzliche Urteile des Amtsgerichts. Was dies genau für Fälle sind, erläutern wir anschließend noch näher bei den Rechtsmittelmöglichkeiten.

Bundesgerichtshof
Der Bundesgerichtshof entscheidet in zweiter und letzter Instanz bei Revisionen gegen erstinstanzliche Urteile der Großen Strafkammer des Landgerichts und des Oberlandesgerichts. Der Bundesgerichtshof ist ein reines Revisionsgericht.

Rechtsmittel gegen strafrechtliche Entscheidungen
Wenn Sie mit einem Urteil oder einem Gerichtsbeschluss nicht einverstanden sind, stellt sich natürlich als erstes die Frage, wie Sie dagegen vorgehen können. Im Strafprozessrecht gibt es als Rechtsmittel gegen Entscheidungen der Strafgerichte die Berufung, die Revision und die Beschwerde. Als Sonderfall ist noch zu erwähnen der Einspruch gegen einen Strafbefehl. Der Unterschied zwischen Berufung und Revision ist dem Durchschnittsbürger regelmäßig nicht bekannt. Beide Rechtsmittel werden vielmehr häufig in einen Topf geworfen.

An dieser Stelle nur soviel: Bei der Revision wird das Urteil lediglich auf **Rechtsfehler** überprüft, während bei der Berufung der Fall komplett neu verhandelt wird.

Berufung

Hat Ihre Verhandlung in Strafsachen vor dem Amtsgericht stattgefunden, so können Sie innerhalb einer Woche nach Verkündung des Urteils schriftlich oder zu Protokoll der Geschäftstelle des Amtsgerichts Berufung einlegen. In diesem Falle wird dann vor dem Landgericht die Berufungsverhandlung durchgeführt. Ihr Fall wird dort ganz neu aufgerollt und z.B. alle Zeugen, die bereits in erster Instanz ausgesagt haben, erneut vernommen oder auch ganz neue Zeugen gehört. Es ist also auch möglich, bis dahin den Gerichten noch nicht bekannte Beweismittel zu präsentieren. Durch eine rechtzeitige Berufungseinlegung wird für Sie der Urteilsauspruch zunächst noch nicht rechtswirksam.

Eine Berufung muss nicht zwingend begründet werden. Allerdings ist es sinnvoll, dem Berufungsgericht mitzuteilen, aus welchen Gründen das amtsgerichtliche Urteil falsch ist und weswegen es angefochten wird.

Als Alternative zur Berufung haben Sie auch die Möglichkeit, die Berufungsinstanz zu überspringen und gegen das Urteil des Amtsgerichts sofort Revision einzulegen, über die dann das Oberlandesgericht entscheidet. In diesem Fall spricht man dann von der „Sprungrevision".

Sind Sie mit dem Urteil des Amtsgerichts im Grunde einverstanden, nur das Strafmaß erscheint Ihnen zu hoch, können Sie die Berufung auch auf den Strafausspruch beschränken. In diesem Falle stehen die Feststellungen zur Tat, also der Schuldspruch, rechtskräftig fest, es wird nur noch über die Höhe der Strafe neu entschieden. Eine solche Berufungsbeschränkung kann für Sie kostengünstiger sein, da in der Regel nicht mehr alle Zeugen oder auch Sachverständigen geladen werden müssen. Am Ende der mündlichen Verhandlung steht das Berufungsurteil. Dieses kann auf Verwerfung der Berufung lauten, wenn beispielsweise der Angeklagte unentschuldigt nicht zum Berufungstermin erschienen ist oder das Gericht die Berufung als unbegründet erachtet hat.

Hält das Gericht dagegen die Berufung insgesamt oder teilweise für begründet, so wird das Urteil erster Instanz in vollem Umfang oder in Teilen aufgehoben und gleichzeitig in diesem Punkt durch das Berufungsgericht neu entschieden.

Gegen das Urteil des Berufungsgerichts können Sie noch Revision einlegen.

Revision

Gegen Urteile des Landgerichts kann nur mit der Revision, nicht dagegen mit der Berufung vorgegangen werden. Ebenso wie die Berufung ist die Revision innerhalb einer Woche nach Verkündung des Urteils einzulegen. Allerdings muss die Revision dann später, nämlich binnen eines Monats nach Zustellung der schriftlichen Urteilsgründe, begründet werden. Diese Begründung kann jedoch nur durch den Verteidiger oder durch den Angeklagten zu Protokoll der Geschäftsstelle des erstinstanzlichen Gerichts erfolgen.

Für die zunächst beim Amtsgericht verhandelten Strafsachen führt dies zu dem auf den ersten Blick nicht ganz einleuchtenden Ergebnis, dass damit eine 3. Instanz eröffnet wird, während bei erstinstanzlichen Urteilen der höherrangigen Land- und Oberlandesgerichte dagegen mit der Revision lediglich **eine** Rechtsmittelinstanz zur Verfügung steht.

Die Revision gegen Berufungsurteile der Kleinen Strafkammer des Landgerichts wird vor dem Oberlandesgericht verhandelt. Dort wird das Urteil nur auf Rechtsfehler hin überprüft, ohne dass die Beweisaufnahme wiederholt wird. Die Entscheidungen des Oberlandesgerichts ergehen meistens ohne mündliche Verhandlung.

Hat die Große Strafkammer des Landgerichts in erster Instanz ein Urteil gefällt, kann dagegen Revision zum Bundesgerichtshof eingelegt werden.

Ist die Revision begründet, wird das Urteil der Vorinstanz aufgehoben. In der Regel erfolgt eine Zurückverweisung des Verfahrens an eine andere Abteilung oder Kammer des Gerichts, dessen Urteil aufgehoben wird.

Bei einer Zurückverweisung entscheiden bei diesem Gericht ganz neue Richter/Schöffen, die an dem angefochtenen Urteil nicht beteiligt waren.

Allgemein gilt sowohl für die Berufung als auch die Revision das sog. **Schlechterstellungsverbot**.

Beispiel *Hat der – wie er meint – viel zu hart bestrafte Gewohnheitsschwarzfahrer Paul Pappelos eine Freiheitsstrafe von 10 Monaten ohne Bewährung aufgebrummt bekommen, darf das Rechtsmittelgericht gegen ihn keine schärfere Strafe verhängen, selbst wenn es der Auffassung sein sollte, das angefochtene Urteil sei eigentlich viel zu milde ausgefallen.*

Aber Achtung! Dies gilt nur dann, wenn Paul P. alleine das Rechtsmittel eingelegt hat. Sind dagegen auch die Staatsanwaltschaft oder ein Nebenkläger zu seinen Ungunsten in Berufung oder Revision gegangen, kann, wenn das Rechtsmittel des Paul P. verworfen wird und die Staatsanwaltschaft/der Nebenkläger mit ihrem Rechtsmittel Erfolg haben, am Ende bei ihm auch ein schlechteres Ergebnis stehen.

Beschwerde

Ganz kurz wollen wir auch noch auf das Rechtsmittel der Beschwerde eingehen. Gegen richterliche Beschlüsse und Verfügungen, wie z. B. den Beschluss über die vorläufige Entziehung der Fahrerlaubnis oder die Ablehnung eines Antrags auf Beiordnung eines Pflichtverteidigers, kann mit der Beschwerde vorgegangen werden. Die Beschwerde muss entweder schriftlich oder zu Protokoll der Geschäftsstelle eingelegt werden. Mit Ausnahme des Sonderfalls der sofortigen Beschwerde sieht das Gesetz keine Frist für die Einlegung der Beschwerde vor.

Bei einer einfachen Beschwerde hat das Gericht, dessen Beschluss oder Verfügung angefochten wird, die Möglichkeit, seine ursprüngliche Entscheidung abzuändern. Falls das Gericht dies nicht macht, werden die Akten dem Beschwerdegericht vorgelegt. In einigen wenigen Fällen, z. B. im Falle einer Verhaftung oder einstweiligen Unterbringung, sieht die Strafprozessordnung auch eine weitere Beschwerde gegen die Beschwerdeentscheidungen des Landgerichts oder Oberlandesgerichts vor.

Einspruch im Strafbefehlsverfahren

Im Strafbefehlsverfahren gibt es eine Sonderform eines Rechtsmittels, den Einspruch. Wenn ein von der Staatsanwaltschaft beantragter Strafbefehl durch das Gericht erlassen wurde, haben Sie die Möglichkeit, binnen zwei Wochen nach Zustellung des Strafbefehls dagegen Einspruch einzulegen. Begründen müssen Sie den Einspruch nicht.

Falls Sie diese Frist versäumen oder den Strafbefehl akzeptieren, wird der Strafbefehl wie ein rechtskräftiges Urteil behandelt. Legen Sie rechtzeitig Einspruch ein, bestimmt das Gericht einen Termin zur mündlichen Verhandlung. Theoretisch besteht auch die Möglichkeit, dass die Staatsanwaltschaft ihren Strafbefehlsantrag zurücknimmt. Dies kommt jedoch eher selten vor.

Sollten Sie zum festgesetzten Gerichtstermin unentschuldigt nicht erscheinen und auch nicht durch einen Verteidiger vertreten sein, wird der Einspruch gegen den Strafbefehl durch Urteil verworfen.

Kommen Sie zur Hauptverhandlung, wird diese durchgeführt. Nach Abschluss der mündlichen Verhandlung wird – wie bei einem durch Anklage eingeleiteten Strafverfahren auch – nach Durchführung der Beweisaufnahme ein Urteil gesprochen.

Wiederaufnahmeverfahren

Gelegentlich wird man gefragt, ob es denn nach Ausschöpfung aller Rechtsmittel keine Möglichkeit mehr gibt, ein grundsätzlich unanfechtbares, aber falsches Urteil aus der Welt zu schaffen.

Nur in sehr engen Grenzen lässt die Strafprozessordnung zur Beseitigung von Fehlentscheidungen einen Antrag auf Wiederaufnahme des Verfahrens gegen bereits rechtskräftige Strafurteile zu.

Eine Wiederaufnahme des Verfahrens und damit eine Durchbrechung der bereits eingetretenen Rechtskraft eines Urteils kann lediglich dann erreicht werden, wenn z. B. das Urteil auf unechten oder verfälschten Urkunden oder auf falschen Aussagen oder Gutachten beruhte und die Zeugen oder Sachverständigen sich dadurch strafbar gemacht haben. Sie können neue Tatsachen oder Beweismittel beibringen, die dem Gericht zum Zeitpunkt seines Urteils noch nicht bekannt waren, und die geeignet sind, einen Freispruch oder eine mildere Strafe zu begründen.

Wir wollen Ihnen hier allerdings keine allzu großen Hoffnungen machen, da in der gerichtlichen Praxis die Erfolgsaussichten von solchen Wiederaufnahmeanträgen äußerst gering sind.

Wichtig ist jedoch, dass durch einen Antrag auf Wiederaufnahme des Verfahrens die Vollstreckung des Urteils nicht gehemmt wird. Das Gericht hat allerdings die Möglichkeit, einen Aufschub oder eine Unterbrechung der Vollstreckung anzuordnen. Nicht verschweigen wollen wir auch die Möglichkeit, eine Wiederaufnahme zu Ungunsten des Angeklagten durchzuführen. Dabei müssen im Wesentlichen ähnliche Gründe wie bei der Wiederaufnahme zugunsten des Angeklagten vorhanden sein.

Strafvollstreckung

Nachdem ein rechtskräftiges Strafurteil vorliegt, in welchem eine Geld- oder Freiheitsstrafe, ggf. kombiniert mit Nebensanktionen wie Fahrverbot oder Fahrerlaubnisentzug, verhängt wurde, tritt die Strafvollstreckung in Kraft. Die Strafvollstreckungsbehörde ist bei Erwachsenen die Staatsanwaltschaft, bei Jugendlichen und nach Jugendrecht zu beurteilenden Heranwachsenden der Jugendrichter. Vollstreckt werden dürfen nur rechtskräftige Strafurteile.

Wie erhalte ich die Fahrerlaubnis wieder?

Die zentrale Frage für die meisten dürfte sein, wie sie wieder eine Fahrerlaubnis erhalten.

Wiedererteilung der deutschen Fahrerlaubnis

In der Regel wollen Betroffene natürlich wieder den deutschen Führerschein in Händen halten.

Vorausgegangene Entziehung der Fahrerlaubnis
Die Fahrerlaubnis kann zum einen von den Strafgerichten entzogen werden, zum anderen von der Fahrerlaubnisbehörde selbst.

Wie bereits im 1. Abschnitt ausgeführt, entzieht der Strafrichter bei gravierenden Verkehrsstraftaten, ebenso – in Ausnahmefällen – bei sonstigen schweren Straftaten, die Fahrerlaubnis wegen „charakterlicher Ungeeignetheit". Zugleich wird noch eine weitere Sperrzeit angeordnet, bevor die zuständige Behörde die Fahrerlaubnis neu erteilen darf.

Entziehung durch Verwaltungsakt
Hiervon sind die Fälle zu unterscheiden, in denen die Fahrerlaubnisbehörde selbst durch einen Verwaltungsakt einem Führerscheininhaber dessen Fahrerlaubnis entzieht.

Voraussetzung hierfür ist jedoch, dass diese Person nicht mehr geeignet oder nicht mehr befähigt zum Führen von Kfz ist.

Dies ist dann der Fall, wenn der bisherige Führerscheininhaber die notwendigen körperlichen und geistigen Anforderungen hierfür nicht mehr erfüllt, insbesondere dann, wenn Erkrankungen oder sonstige Mängel vorliegen oder wiederholt gegen verkehrsrechtliche Vorschriften oder Strafgesetze verstoßen wurde.

In den meisten Fällen ordnet die Behörde zugleich mit der Entziehungsverfügung den Sofortvollzug an; dies bedeutet, dass der Betroffene sofort die Fahrerlaubnis abgeben muss, auch wenn er gegen diese belastende Entscheidung Widerspruch und – nach erfolgloser Durchführung – dann Anfechtungsklage beim zuständigen Verwaltungsgericht einreicht.

Der Betroffene hat lediglich die Möglichkeit, im Rahmen eines gesonderten gerichtlichen Verfahrens (Antrag auf aufschiebende Wirkung) erreichen zu können, dass ihm bis zum rechtskräftigen Ausgang seines Verfahrens die Fahrerlaubnis wieder ausgehändigt wird.

Bei einer Entziehung durch die Fahrerlaubnisbehörde wird keine weitere Sperrzeit – anders als in der strafrechtlichen Verurteilung – festgesetzt.

Theoretisch hätte also der Betroffene die Möglichkeit, sofort die Wiedererteilung seiner Fahrerlaubnis zu beantragen.

Hiervon ist jedoch in den meisten Fällen abzuraten, da zunächst der Betroffene natürlich die belastenden Umstände „aus der Welt schaffen" muss, die seine Ungeeignetheit bzw. Nichtbefähigung zur Folge hatten.

Welche Anforderungen gibt es in der Praxis?

Die Wiedererteilung der Fahrerlaubnis ist in vielen Fällen ein sehr „steiniger Weg".

Beispiel *Berthold Biertrunk ist am Steuer seines Kfz mit 1,95 Promille „erwischt" worden. Seine Fahrerlaubnis wurde vorläufig entzogen. Im darauf folgenden Strafverfahren wurde nebst einer Geldstrafe vom Gericht angeordnet, dass die weitere Sperrfrist für die Erteilung einer Fahrerlaubnis auf zehn Monate festgesetzt wird. Erst nach Ablauf dieser zehn Monate darf die Verwaltungsbehörde eine neue Fahrerlaubnis erteilen. Biertrunk fügt sich seinem Schicksal,* *und kurz vor Ablauf der Sperrzeit beantragt er die Wiedererteilung seiner Fahrerlaubnis. Die Behörde verlangt von ihm jedoch eine Medizinisch-Psychologische Untersuchung aufgrund seines hohen Promillegrades. Dies trifft Biertrunk wie ein Keulenschlag, er ging davon aus, dass mit Ablauf der Sperrzeit er ohne Weiteres seine Fahrerlaubnis wieder erteilt bekomme. Biertrunk ist ratlos. Muss er die MPU absolvieren?*

Hierzu ist auszuführen, dass die Führerscheinbehörde zu Recht von Biertrunk die Vorlage einer positiven Medizinischen-Psychologischen Untersuchung (MPU) verlangt, da die Behörde begründete Bedenken an seiner Eignung zum Führen von Kfz hat.

Wann darf eine MPU angeordnet werden?

Eine MPU wird hauptsächlich in folgenden Fällen angeordnet:

- Trunkenheitsfahrt mit einer Blutalkoholkonzentration (BAK) von 1,6 Promille (oder mehr),
- Fahrerlaubnis wurde bereits schon einmal entzogen,
- Abhängigkeit von Alkohol, Drogen oder sonstiger Suchtmittel,
- Verkehrsverstöße (auch ohne Alkohol), die zu einem Eintrag im VZR von 18 oder mehr Punkten führten,
- Erkrankungen oder sonstige erhebliche gesundheitliche Probleme.

Wie im Beispielfall folgt häufig „das dicke Ende" erst bei der Fahrerlaubnisbehörde.

Viele Personen, denen vom Gericht die Fahrerlaubnis entzogen und eine weitere Sperrfrist angeordnet wurde, glauben, dass sie nach Ablauf ihrer Sperrzeit problemlos wieder die Fahrerlaubnis bekommen. Sie lassen daher die Zeit der weiteren Entziehung „nutzlos" verstreichen, ohne sich um ihre Problematik zu kümmern.

Biertrunk hätte die Zeit der Entziehung unbedingt nutzen müssen, um seine Alkoholproblematik (bei ihm wurden 1,95 Promille bei einer Autofahrt festgestellt) entsprechend aufzuarbeiten, um dann der Fahrerlaubnisbehörde aufzuzeigen, dass er aus seinem früheren Fehlverhalten gelernt hat und es nicht mehr zu einem solchen Vorfall kommt, es also jetzt – zum Zeitpunkt der neuen Antragstellung – keine Anhaltspunkte für weiteren Alkoholmissbrauch mehr gibt.

Entscheidendes Kriterium für die Fahrerlaubnisbehörde ist daher, ob der Antragsteller nunmehr „geeignet" ist, erneut Kraftfahrzeuge führen zu können. Dies muss der Antragsteller – in aller Regel – durch die Vorlage einer positiven MPU nachweisen.

Bei MPU „ohne Chance"?

Bis in die heutige Zeit wird die MPU in der Volkssprache auch als „Idiotentest" bezeichnet, denn die Chance, die MPU erfolgreich zu absolvieren, sei minimal und das Geld zudem zum Fenster rausgeworfen.

Diese sich bis heute hartnäckig haltenden Vorurteile – quer durch alle Bevölkerungsgruppen – sind unbegründet.

Die Bezeichnung „Idiotentest" stammt wohl aus der Mitte des letzten Jahrhunderts; damals mussten Personen, die dreimal durch die Führerscheinprüfung gefallen waren, einen Test absolvieren, um – nach Bestehen – nochmals zur Prüfung antreten zu können. Dies hat natürlich mit den Kriterien einer MPU in heutiger Zeit nichts zu tun.

Die Vorurteile hinsichtlich der Erfolgschancen werden eindrucksvoll durch die jährlichen Veröffentlichungen der Zahlen der Bundesanstalt für Straßenwesen (BASt) widerlegt.

Der Presseerklärung der BASt vom August 2007 ist zu entnehmen, dass im Jahre 2006 insgesamt 105.470 MPU durchgeführt wurden. Dabei haben knapp 50 % der Teilnehmer das Gutachten – ohne Auflagen – bestanden, weitere knapp 15 % wurden als nachschulungsfähig eingestuft, d. h. nach erfolgreicher Teilnahme an den entsprechenden Kursen haben auch diese Personen dann die Fahreignung wiedererlangt.

Die Auswertung dieser Zahlen belegt durchaus überraschend, dass fast 2/3 aller Personen, die eine MPU absolvieren mussten, erfolgreich waren.

Näheres ist der Homepage der Bundesanstalt für Straßenwesen unter www.bast.de (Pressemitteilung Nr. 10/2007) zu entnehmen.

Vorbereitung für die MPU

Nach unserer Erfahrung lohnt es sich unbedingt, sich zunächst eingehend über den Ablauf der MPU zu informieren. Viele Begutachtungsstellen bieten kostenlose Informationsabende an, um den Betroffenen konkret über den Ablauf einer MPU zu informieren. Unter www.begutachtungsstellen.de finden Sie eine weitgehend vollständige Liste aller Begutachtungsstellen für Fahreignung in Deutschland, geordnet nach Postleitzahlen.

Es empfiehlt sich, mit der jeweiligen Begutachtungsstelle telefonisch Kontakt aufzunehmen, um abzuklären, ob von dort aus zunächst ein kostenloser Informationsabend angeboten wird.

Auch die gezielte Vorbereitung bei einem niedergelassenen Verkehrspsychologen und/oder Verkehrstherapeuten ist aus unserer Sicht durchaus empfehlenswert. Zuvor sollte man jedoch über die Kompetenz des jeweiligen Verkehrspsychologen/Verkehrstherapeuten nähere Information einholen, bspw. durch die Anfrage bei einem auf diesem Gebiet kundigen Rechtsanwalt.

Ablauf der MPU

Die MPU gliedert sich in drei Teile, die hier kurz erläutert werden.

Ärztliche „verkehrsmedizinische" Untersuchung

Bei dieser Untersuchung werden Erkrankungen – soweit sie die Teilnahme am Straßenverkehr beeinträchtigen können – untersucht, ebenso eine etwaig vorliegende Alkohol- oder Drogenproblematik.

Neben einer umfassenden ärztlichen Untersuchung wird ggf. auch eine Blutabnahme durchgeführt, ebenso Alkohol-Screenings (CDT,

Leberwerte, EtG) sowie bei Verdacht auf Drogenmissbrauch zudem Drogenscreenings (Urin- oder Haaranalyse).

Testverfahren

Bei diesem Untersuchungsteil werden Reaktionstests zur Durchführung der körperlichen Leistungsfähigkeit (Konzentration, Aufmerksamkeit, Reaktionsfähigkeit) durchgeführt.

Psychologische Exploration

In diesem – häufig entscheidenden – Untersuchungsteil geht es darum, ob der Betroffene die Ursachen für sein früheres Fehlverhalten aufzeigen und erläutern kann, ferner welche Änderungen zwischenzeitlich im Verhalten (wodurch?) eingetreten sind, um zukünftiges Fehlverhalten im Straßenverkehr vermeiden zu können.

Ganz wichtig ist, dass hinsichtlich des früheren Fehlverhaltens nichts beschönigt und/oder bagatellisiert wird.

So ist es bspw. bei der Abklärung einer vorliegenden Alkoholproblematik (Missbrauch) „tödlich“, die Trinkmengen zu beschönigen. Häufig finden sich in Gutachten die Erklärungen des Probanden dahingehend, dass er lediglich 3–4 „Bierchen“ getrunken habe, obgleich eine BAK von 1,6 Promille oder mehr festgestellt wurde.

Solche Angaben führen immer zu einer negativen Begutachtung.

Des Weiteren müssen diverse Fragebögen ausgefüllt und beantwortet werden.

Es geht insbesondere darum, etwaige Widersprüchlichkeiten zwischen den schriftlichen und mündlichen Angaben des Probanden feststellen zu können.

Wann sollte die MPU absolviert werden?
Die Frage, wann es Sinn macht, die MPU zu absolvieren, sollte unbedingt an einem Informationsabend oder in der Vorbereitung bei einem kompetenten Verkehrstherapeuten oder Verkehrspsychologen eingehend erörtert werden, ggf. auch mit dem Rechtsanwalt.

Bei einer früher bestandenen Drogenproblematik – gerade bei harten Drogen (bspw. Heroin, Kokain, Amphetamin, Ecstasy u.a.) – empfiehlt es sich unbedingt, zunächst über einen Zeitraum von ca. 9–12 Monaten durch Vorlage von Drogenscreenings nachzuweisen, dass keinerlei Konsum mehr vorliegt.

Bei einer Alkoholproblematik sollte nach unserer Erfahrung zumindest ein Zeitraum von 6–9 Monaten zur Vorbereitung auf die MPU genutzt werden, um ebenfalls durch Vorlage von Alkoholscreenings den Nachweis führen zu können, dass kein Alkoholmissbrauch mehr vorliegt.

Kosten der MPU
Die Kosten einer MPU belaufen sich derzeit auf ca. 400 EUR zzgl. weiteren Gebühren für etwaige Alkohol- und/oder Drogenscreenings. Ferner kommen noch die Kosten für die Erstellung des schriftlichen Gutachtens sowie der Versendung hinzu, in den meisten Fällen belaufen sich daher die Gesamtkosten auf ca. 500 EUR.

Ergebnisse der MPU
Zunächst muss man unbedingt wissen, dass hinsichtlich der Begutachtung rein rechtlich ein Vertrag zwischen dem Auftraggeber (Proband) und der Begutachtungsstelle geschlossen wird.

Die Fahrerlaubnisbehörde darf erst mit der schriftlichen Vorlage der Einverständniserklärung des Betroffenen und dessen Angabe, welche Begutachtungsstelle die MPU durchführen soll, die Fahrerlaubnisakte dorthin übersenden.

Die Begutachtungsstelle darf – schon allein aus Gründen des Datenschutzes – das Ergebnis der Begutachtung der Fahrerlaubnisbehörde nicht mitteilen, es sei denn, dass Sie als Auftraggeber hierzu Ihr Einverständnis erteilt. Hiervon ist jedoch dringend abzuraten.

Es werden nach Abschluss der Begutachtung die Akten lediglich kommentarlos an die Fahrerlaubnisbehörde zurückgesandt.

Die Fahrerlaubnisbehörde weiß daher – in aller Regel – nicht, ob das Gutachten positiv oder negativ ausgefallen ist.

Über das Ergebnis der MPU wird der Antragsteller ausschließlich schriftlich – durch Übersendung des Gutachtens – informiert.

Positives Gutachten
Bei einem positiven Gutachten (herzlichen Glückwunsch!) sind die Bedenken der Fahrerlaubnisbehörde hinsichtlich fehlender Eignung zum Führen von Kfz ausgeräumt.

In diesem Falle sollte das schriftliche Gutachten sofort der Fahrerlaubnisbehörde – im Original, nachdem Sie sich eine Kopie gemacht haben – übersandt werden.

Wenn die weiteren formellen Voraussetzungen vorliegen, wird dann sehr zügig und zeitnah die Fahrerlaubnis wieder erteilt werden.

Gutachten mit Nachschulungsempfehlung
Ein solches Gutachten zeigt zwar eine Vielzahl von positiven Aspekten auf, dennoch ist sich der Gutachter nicht sicher, ob man bereits zum Zeitpunkt der Absolvierung der MPU von einer Eignung ausgehen kann. Der Gutachter empfiehlt daher in solchen Fällen die Teilnahme an einem speziellen Nachschulungskurs.

Auch ein solches Gutachten sollte unbedingt zeitnah der Fahrerlaubnisbehörde übersandt werden. Je nach Art der bestehenden Eignungszweifel macht die Behörde dann die Wiedererteilung der

Fahrerlaubnis von der Teilnahme am speziellen Nachschulungskurs abhängig.

Beispiel *So werden für alkoholauffällige Kraftfahrer Kurse nach dem Modell „IRaK" angeboten, für drogenauffällige Kraftfahrer Kurse nach dem Modell „Drugs", für verkehrsauffällige Kraftfahrer der Kurs mit Namen „ABS".*

Die Kurse dauern zwischen drei und sechs Wochen. Bei regelmäßiger Teilnahme erhält der Proband eine entsprechende Bescheinigung. Mit dieser Bescheinigung gelten die Eignungsmängel dann als endgültig ausgeräumt, und die Behörde wird die Fahrerlaubnis wieder erteilen. Eine Prüfung ist nicht erforderlich.

Negatives Gutachten

Ein negatives MPU-Gutachten sollte nicht der Behörde vorgelegt werden.

Gutachten verbleiben in aller Regel zumindest zehn Jahre in der Führerscheinakte.

Für ein zukünftiges Verfahren auf Wiedererteilung der Fahrerlaubnis ist es daher ausgesprochen negativ, wenn ein solches Gutachten sich in den Akten befindet.

Nehmen Sie besser den Antrag auf Wiedererteilung zurück und absolvieren Sie – nach Ablauf einer bestimmten Zeit – erneut die MPU.

In diesem Fall gilt es, die im Gutachten genannten Defizite umfassend aufzuarbeiten, um dann im „zweiten Anlauf" die MPU zu bestehen, ggf. nach nochmaliger Vorbereitung durch einen Fachmann.

Einholung eines Obergutachtens

In Einzelfällen kommt es vor, dass ein negatives Gutachten in sich widersprüchlich ist oder im Ansatz eine positive Tendenz, sozusagen einen „Silberstreif am Horizont" aufweist.

Es gibt auch Fälle, in denen trotz der Vorlage von für den Probanden positiven Alkohol- und/oder Drogenscreenings (keine Auffälligkeiten) das Erstgutachten zu einem negativen Ergebnis kommt.

In diesen Fällen sollte bei der Fahrerlaubnisbehörde ein Obergutachten beantragt werden.

Obgleich nach der Änderung der Fahrerlaubnisverordnung ein Obergutachten nicht mehr im Gesetzeswortlaut vorgesehen ist, kann es durchaus Sinn machen, bei der Führerscheinbehörde ein solches Obergutachten zu beantragen.

Auch die Fahrerlaubnisbehörde hat – dies sind jedoch noch Ausnahmefälle – die Möglichkeit, bei Vorlage von unterschiedlichen Gutachten ebenfalls ein Obergutachten einzufordern.

Die Kosten für ein solches Obergutachten belaufen sich auf ca. 800–900 EUR.

Die Verwaltungsgerichte beauftragen in strittigen Fällen ohnehin Obergutachter, um die Frage der Ungeeignetheit oder Nichtbefähigung abklären zu lassen.

Erwerb des EU-Führerscheins

In vielen Fällen ordnet, wie bereits erläutert, die Führerscheinbehörde nach vorangegangener Entziehung der Fahrerlaubnis hinsichtlich der Eignung zum Führen von Kfz die Vorlage einer positiven MPU an, um die Fahrerlaubnis wieder erteilen zu können.

Seit etwas mehr als vier Jahren wird heftig darüber diskutiert, ob es die Möglichkeit gibt, einen EU-Führerschein zu erwerben, um damit in Deutschland fahren zu können, auch ohne Absolvierung einer MPU.

Beispiel *Berthold Biertrunk hat nach Ablauf seiner Sperrzeit und nach Antragstellung von der Führerscheinbehörde die Auflage erhalten, seine Eignung zum Führen von Kfz durch die Vorlage eines schriftlichen Gutachtens (MPU) nachzuweisen. Hiervon hält Biertrunk* *überhaupt nichts, da er nach wie vor abends gerne in fröhlicher Runde 8–10 Pils trinkt. An seinem Stammtisch hat er gehört, dass es die Möglichkeit gibt, im EU-Ausland, vornehmlich in Osteuropa, „über's Wochenende" den EU-Führerschein rechtmäßig zu erwerben. Biertrunk ist hiervon völlig begeistert und möchte nächstes Wochenende daher das Angebot eines Anbieters nutzen, um dort den EU-Führerschein zu erwerben, ohne jegliche MPU. Ist dies zulässig?*

Seit den Entscheidungen des Europäischen Gerichtshofes (EuGH) vom April 2006 ist die Möglichkeit, den Führerschein in einem anderen EU-Mitgliedsland zu erwerben, generell gegeben. Ein solcher EU-Führerschein muss auch in Deutschland anerkannt werden, auch in Fällen, in welchen die deutsche Fahrerlaubnisbehörde zunächst die Vorlage einer MPU fordert.

Erwerb vor Ablauf der Sperrfrist unzulässig
Ein Erwerb vor Ablauf der Sperrfrist ist jedoch generell nicht zulässig.

Wenn bei Biertrunk die gesetzliche Sperrfrist noch nicht abgelaufen ist, er gleichwohl in dieser Sperrfrist den EU-Führerschein erwirbt, wird ihm von der zuständigen Führerscheinbehörde sofort die Fahrerlaubnis wieder entzogen. Zudem ist hier auch der Straftatbestand des Fahrens ohne Fahrerlaubnis gem. § 21 StVG möglich.

Erwerb nach Ablauf der Sperrfrist prinzipiell möglich
Nach Ablauf der Sperrfrist in Deutschland ist, wie geschildert, der Erwerb des EU-Führerscheins prinzipiell möglich.

Wichtig ist jedoch, dass der Antragsteller in dem EU-Land, in dem er die Fahrerlaubnis erwerben möchte, mindestens 185 Tage gemeldet war, bzw. dort seinen Hauptwohnsitz hat.

Wenn diese Kriterien nicht vorliegen, also man lediglich „übers Wochenende" den EU-Führerschein erwirbt, birgt dies große Gefahr.

Die zuständige Behörde leitet dann diesen Fall über das Kraftfahrtbundesamt an die ausländische Fahrerlaubnisbehörde weiter wegen Verstoßes gegen das Wohnsitzprinzip.

In einigen Fällen kam es zwischenzeitlich auch bereits wegen dieser Verletzung zu Entziehungen des EU-Führerscheins von Seiten der ausländischen Behörden.

Den deutschen Behörden missfällt – nach wie vor – die Entscheidungen des EuGH vom April 2006, insbesondere in den Fällen, wo eben keine MPU absolviert wurde.

Es wird beklagt, dass ein regelrechter Führerscheintourismus eingesetzt habe, unter Umgehung der zwingenden Vorschriften der deutschen Fahrerlaubnisverordnung.

Man befürchtet, dass gerade Personen mit massiven Alkohol- und Drogenproblemen über die Hintertür in den Genuss des EU-Führerscheins kommen und es deswegen zu einer weiteren Gefährdung anderer Verkehrsteilnehmer kommt.

Diverse deutsche Gerichte ignorieren, aus durchaus verständlichen Gründen, die Rechtsprechung des EuGH, die eben besagt, dass nach Ablauf einer gerichtlichen Sperrfrist die Berechtigung zum Führen von Kfz in Deutschland durch den Erwerb eines EU-Führerscheines besteht.

Mögliche Änderung der Rechtsprechung

In jüngster Zeit hat der Generalanwalt beim EuGH sich der Auffassung der deutschen Regierung und der Behörden angeschlossen, dass Personen, denen wegen Alkohol und/oder Drogen die Fahrerlaubnis entzogen wurde, nicht im EU-Ausland einen Führerschein erwerben können, ohne eine entsprechende MPU zu absolvieren.

Bis heute, Stand Ende August 2008, hat jedoch die genannte Rechtsprechung des EuGH nach wie vor Gültigkeit. Es bleibt abzuwarten, ob eine abschließende Entscheidung in den nächsten Monaten ergehen wird.

Wenn also Biertrunk nach Ablauf der Sperrzeit ordnungsgemäß einen EU-Führerschein erwirbt und idealerweise auch zumindest 185 Tage im dortigen EU-Land gewohnt hat, ist er berechtigt, mit seinem EU-Führerschein auch in Deutschland am Verkehr teilzunehmen, auch wenn dies den deutschen Behörden nicht behagt.

Sollte er gegen das Wohnsitzprinzip verstoßen haben, läuft Biertrunk Gefahr, dass ihm von der ausländischen Behörde nachträglich die EU-Fahrerlaubnis wieder versagt werden kann, dies ist jedoch nicht immer der Fall.

Möglichkeit der Entziehung des EU-Führerscheins
Unabhängig hiervon hat jedoch die Führerscheinbehörde die Möglichkeit, den EU-Führerschein zu entziehen, wenn ein konkreter und begründeter Verdacht auf nach wie vor vorliegende Eignungsmängel wegen einer Alkoholproblematik und/oder Drogenproblematik bestehen. Es darf jedoch hierbei nicht auf das frühere Fehlverhalten allein Bezug genommen werden.

Ist jemand nach Erwerb des EU-Führerscheins bspw. mit einer hohen Alkoholisierung aufgefallen, auch außerhalb des Straßenverkehrs, oder kam es hierbei zu Straftaten, die nichts mit dem Führen eines Kfz zu tun haben, kann die Führerscheinbehörde die EU-Fahrerlaubnis entziehen, allerdings eingeschränkt lediglich für das Gebiet der Bundesrepublik Deutschland.

In diesen Fällen wird auf dem EU-Führerschein ein Vermerk angebracht, dass der Inhaber nicht berechtigt ist, auf dem Gebiet der Bundesrepublik Deutschland ein Kfz zu führen.

Unseriöse Anbieter
Abschließend ist darauf hinzuweisen, dass es seit den Entscheidungen des EuGH vom April 2006 eine Vielzahl von Anbietern gibt, die nach dem Prinzip „all inclusive" den Erwerb einer EU-Fahrerlaubnis insbesondere in osteuropäischen EU-Ländern anbieten, teilweise auch innerhalb von wenigen Tagen.

In diesem „Komplettpaket" sind alle hierfür anfallenden Kosten (Übernachtung, Fahrstunden, Führerscheinprüfung, Gebühren) beinhaltet.

Leider handelt es sich in nicht wenigen Fällen um sehr unseriöse Anbieter, die lediglich schnelles Geld verdienen wollen; auch im Internet gibt es zahlreiche Beispiele hiervon.

Seien Sie also vorsichtig und lassen sich nicht vorschnell auf dubiose Angebote ein.

Abschließende Beurteilung
Wenn ein Betroffener von der Möglichkeit des Erwerbs eines EU-Führerscheins Gebrauch machen will, so hat er nach der bis heute noch gültigen Rechtsprechung des EuGH gute Chancen, auch in Deutschland mit diesem EU-Führerschein fahren zu dürfen, wenn er die genannten Kriterien beachtet.

Er sollte jedoch genau prüfen, wo er die EU-Fahrerlaubnis erwirbt, insbesondere auch den jeweiligen Anbieter.

Auch hier ist es unbedingt empfehlenswert, mit einem kundigen Rechtsanwalt die Risiken hinsichtlich des Erwerbs einer EU-Fahrerlaubnis eingehend zu besprechen.

Gilt ein Fahrverbot nur im Inland?

Beispiel *Ingo Bleifuß muss nunmehr seinen Führerschein für einen Monat „abgeben", er tut dies auch.*
Er möchte jedoch während der Zeit des Fahrverbotes Urlaub im Ausland verbringen und geht davon aus, dass er beim Führen eines Kfz im Ausland keine Schwierigkeiten bekommt, da er gehört hat, dass das Fahrverbot ja nur in Deutschland gilt. Hat Bleifuß Recht?

Es gilt zwar zunächst der Grundsatz, dass ein Fahrverbot, welches von einer deutschen Bußgeldbehörde oder einem deutschen Gericht angeordnet wurde, nur im Inland gilt. Wenn Bleifuß in Deutschland trotz Fahrverbot ein Kfz führt, macht er sich wegen Fahrens ohne Fahrerlaubnis nach § 21 StVG strafbar.

Dies bedeutet jedoch – leider – noch keineswegs, dass Bleifuß ohne Probleme im Ausland ein Kfz führen darf.

Es gibt Länder, in denen das Führen von Kfz ohne Führerschein ebenfalls mit Strafe bedroht ist. Bleifuß muss sich daher unbedingt nach der jeweiligen Gesetzeslage im entsprechenden Urlaubsland erkundigen.

In vielen Ländern stellt das Führen eines Pkw ohne Beisichführen des Führerscheins eine Ordnungswidrigkeit bzw. Verkehrsunzuverlässigkeit dar, die mit einem Bußgeld geahndet wird, häufig in einer Höhe von 10–20 EUR.

In der Öffentlichkeit hält sich bis heute hartnäckig die Meinung, dass man sich eine internationale Fahrerlaubnis auf Antrag ausstellen lassen kann, um mit dieser internationalen Fahrerlaubnis dann im Ausland fahren zu können, auch wenn die deutsche Fahrerlaubnis im Inland entzogen worden ist.

Hiergegen ist auszuführen, dass der Betroffene verpflichtet ist, während der Dauer des Fahrverbotes alle Führerscheine bei der zuständigen Behörde (oder Gericht) in Verwahrung zu geben.

Es sollte daher unbedingt die entsprechende Information eingeholt werden, welche Regelungen im jeweiligen Urlaubsland gelten.

Was gilt bei Verkehrsverstößen im Ausland?

In aller Regel werden Betroffene, die im Ausland „Verkehrssünden" begehen, sofort zur Kasse gebeten. Häufig sind die Geldbußen, hier gilt als Paradebeispiel die Schweiz, bei Geschwindigkeitsüberschreitungen deutlich höher als in Deutschland.

In einigen Fällen, insbesondere ab einem Bußgeld von 70 EUR aufwärts, besteht zudem die Gefahr, dass diese Bußgelder auch im Rahmen internationaler Rechtshilfe in Deutschland vollstreckt bzw. beigetrieben werden können, dies zudem mit erheblichen weiteren Kosten.

Selbst wenn keine Vollstreckung in Deutschland erfolgt, muss der Betroffene bei Wiedereinreise in das betreffende Land damit rechnen, sollte er kontrolliert werden, dass seine frühere Sünde sofort zur Vollstreckung gelangt. Viele Länder sind hierbei nicht zimperlich, dies geht bis zur Beschlagnahme des Pkw.

Ausländische Verkehrsverstöße werden jedoch, auch wenn sie recht massiv sind, nicht im Verkehrszentralregister eingetragen. In der Flensburger „Verkehrssünderdatei" werden ausschließlich punktbewehrte Verstöße, die im Inland begangen wurden, eingetragen.

Stichwortverzeichnis

Buchanzeigen

Freizeit und Gesundheit

LMR · Lebensmittelrecht

EG-Lebensmittel-BasisVO, Lebensmittel- und Futtermittelgesetzbuch mit den wichtigsten Durchführungsvorschriften.

Textausgabe.
3. Aufl. 2008. 367 S.
€ 13,–. dtv 5766

kehrszeichen, Straßenverkehrs-Zulassungs-Ordnung, Fahrzeugzulassungsverordnung, Fahrerlaubnis-Verordnung, PflichtversicherungsG und Bußgeldkatalog-Verordnung.
Mit allen Änderungen bis zum 1.7.2008.

Textausgabe.
48. Aufl. 2008. 621 S.
€ 10,90. dtv 5015

Burmann/Gebhardt/Gebhardt

Straßenverkehrsrecht von A–Z

Über 370 Stichwörter zur aktuellen Rechtslage.
Das kompakte Lexikon für alle Verkehrsteilnehmer, vom richtigen Abbiegen bis zur Zulassung alles erläutert.

10. Aufl. 2006. 249 S. §
€ 12,50. dtv 5050

sicherungsfragen, Alkoholkontrollen, Fahrerflucht, Radarmessungen u.v.m.

2. Aufl. 2009. Rd. 450 S. §
Ca. € 14,90. dtv 50633
In Vorbereitung für Anfang 2009

Burmann/Gebhardt

Bußgeldkatalog von A–Z

Geldbußen,Verfahrensablauf, Rechtsschutz.
Der neue Ratgeber für alle Verkehrsteilnehmer gibt leicht verständliche Information zu den Voraussetzungen und der Höhe der aktuellen Bußgeldsätze bei Verkehrsverstößen und zu den Rechtsmitteln gegen den Bußgeldbescheid.

2. Aufl. 2004. 174 S. §
€ 8,50. dtv 5681

Straße und Auto

StVR · Straßenverkehrsrecht

StraßenverkehrsG, Straßenverkehrs-Ordnung mit farbiger Wiedergabe der Ver-

Spreng/Kimmeskamp

Straßenverkehrsrecht

Verkehrsverstöße · Bußgeld · MPU · Unfallregulierung · Fahrverbot.
Mit Hinweisen zum richtigen Verhalten in Konfliktsituationen, wie z.B. Unfall, Ver-

Lenßen

Ihr Recht: Führerschein und Bußgeld

Der verständliche Ratgeber zum Straßenverkehrsrecht.

1. Aufl. 2009. 121 S.
€ 6,90. dtv 50456
Neu im Dezember 2008

Straße und Auto

Meine Führerschein-prüfung

Prüfungsrichtlinie mit Anlagen und allen Prüfungsfragen nebst richtigen Antworten für die Fahrerlaubnisprüfung (Klassen A, A1, B, M, S) und die Prüfung zum Führen von Mofas. Die Neuauflage enthält den Fragenkatalog in seiner aktuellen Fassung und befindet sich auf dem Stand 1.2.2008.

29. Aufl. 2008. 400 S.
€ 10,–. dtv 5666

Müller-Piepenkötter
Auto kaufen und verkaufen

Neuwagen, Gebrauchtwagen, Importfahrzeuge, Leasing. Umfassendes Know-how für Käufer und Verkäufer von der Vorbereitung über Vertragsabschluss und -durchführung bis zur Rechtsdurchsetzung.

1. Aufl. 2006. 195 S. §
€ 10,–. dtv 50634

Natur und Umwelt

NatSchR · Naturschutzrecht

BundesnaturschutzG, FFH-Richtlinie, Vogelschutzrichtlinie, Washingtoner Artenschutzübereinkommen, EG-ArtenschutzVO, BundesartenschutzVO, Landes-Naturschutzgesetze.

Textausgabe.
10. Aufl. 2005. 650 S.
€ 15,50. dtv 5528

TierSchR · Tierschutzrecht

Tierhaltung, Tiertransport, Schlachttiere, Versuchstiere.

Textausgabe.
2. Aufl. 2007. 319 S.
€ 12,–. dtv 5576

AbfR · Abfallrecht

Kreislaufwirtschafts- und AbfallG mit Verordnungen, Abfallverbringungsrecht.

Textausgabe.
13. Aufl. 2008. 632 S.
€ 11,90. dtv 5569
Neu im Oktober 2008

UmwR · Umweltrecht

Wichtige Gesetze und Verordnungen zum Schutz der Umwelt.

Textausgabe.
19. Aufl. 2008. 1197 S.
€ 14,50. dtv 5533

BImSchG · Bundes-Immissionsschutzgesetz

mit Durchführungsverordnungen, Emissionshandelsrecht, TA Luft und TA Lärm.

Textausgabe.
9. Aufl. 2008. 796 S.
€ 18,50. dtv 5575

EnergieR · Energierecht

Energiewirtschaftsgesetz, Erneuerbare-Energien-Gesetz, Kraft-Wärme-Kopplungs-Gesetz, Tarifkunden-Verordnungen, Verbändevereinbarungen.

Textausgabe.
6. Aufl. 2009. Rd. 800 S.
Ca. € 27,90. dtv 5753
In Vorbereitung für Anfang 2009